대한민국 대통령들의
한국경제 이야기 2

- 노태우 대통령부터 이명박 대통령까지 민주화 25년

차례
Contents

위기를 극복하고 복지를 말하다, 김대중 시대

CEO 대통령, 이명박 시대

들어가며

경제는 어렵고 골치 아프다고 생각하는 사람들이 많다. 만약 한국경제를 통계나 이론적 분석은 피하고 사람 중심의 옛날이야기처럼 풀어나간다면 훨씬 쉽고 재미있게 받아들여졌을 것이다. 그러나 실제로 한국경제의 발전 과정은 그 자체가 어떤 이야기보다 드라마틱하고 흥미진진하다.

이 책은 필자가 쓴 『대통령의 경제학』을 쉽게 풀어서 재구성했으며, 전문 지식이나 경제용어를 몰라도 술술 읽어 나갈 수 있도록 했다. 해방 이후의 현대 한국경제사를 리더십 관점에서 살펴본 것이기도 하다.

편의상 초대 대통령 이승만부터 박정희, 전두환까지의

40년을 산업화 시대로, 노태우부터 김영삼, 김대중, 노무현, 이명박까지의 25년을 민주화 시대로 나눴다. '대통령의 한국경제 이야기'를 하다 보면 한국경제의 발전 과정은 저절로 이해될 것이다. 주인공은 역대 대통령들이고, 이들의 정책과 리더십이 한국경제를 어떻게 꾸려나갔는지에 초점을 맞춰 이야기를 풀었다.

돌이켜 보면 건국 당시의 한국경제는 국제적으로 천덕꾸러기였다. 워낙 가난했을 뿐 아니라, 실제로 아슬아슬한 붕괴 위기가 한두 번이 아니었다. 전문가들 말대로라면 한국경제는 이미 망해도 여러 차례 망해야 했다. 선진국이나 국제기구의 충고를 무시하고 한국식을 고집한 경우도 많았다.

그럼에도 오늘의 한국경제는 세계적인 성공 사례로 꼽힌다. 경제발전은 물론 정치 민주화까지 이뤄낸 점이 더 주목을 끌었다. 이런 한국경제가 개발도상국들에는 교과서로 통한다. 최근의 경제위기를 맞아 내로라던 강대국들도 한국 경험을 벤치마킹하는 데 서슴지 않는다. 과연 한국경제의 성장 비결은 무엇일까?

우리는 막상 우리를 잘 모른다. 대학의 경제학과에서도 미국에서 유행하는 이론을 가르치는 데 치우쳐 제 나라 경제가 무슨 고초를 겪었고 어떻게 발전해 왔는지는 관심 밖이다. 경제학을 전공하나 영문학을 공부하나 한국경제를 잘 모르기는 별 차이가 없다.

한국경제는 '사람'을 빼고는 제대로 설명할 수 없다. 원래 경제는 사람이 핵심이다. 더욱이 한국은 자원도 돈도 없이 오로지 사람만을 유일한 밑천으로 삼아 오늘의 경제를 일궈냈다. 특히 역대 대통령의 리더십을 거론하지 않고서는 건국 이후 한국경제의 발전과정을 논하기 어렵다. 대통령의 경제치적을 시대별로 살펴보는 것만으로도 한국경제를 이해하는 데 큰 도움이 될 것이다.

물론 흠 없는 대통령은 없었다. 말로(末路)만 보면 모두 실패한 대통령들이었다. 장기집권으로 외국에 쫓겨나는 대통령부터, 최측근에게 암살당한 대통령, 비자금 축재로 감옥에 간 대통령, 자식들의 비리로 망신당한 대통령, 심지어 검찰 조사 중에 자살한 대통령까지 나왔다. 역대 대통령들은 하나같이 뒤끝이 좋지 않았던 셈이다. 세계사에 이런 경우도 드물 것이다.

그러나 잘못에 대한 비판과는 별개로, 경제 발전과정에서 발휘한 역대 대통령의 역할과 리더십은 그것대로 냉정하게 평가돼야 한다. 이승만은 공산화를 막아내며 자본주의 경제의 기틀을 다진 건국 대통령이었으며, 박정희는 오늘의 한국 경제를 있게 한 한국판 산업혁명을 주도했고, 전두환은 40년 동안 겪었던 고질적인 인플레이션을 잡았다. 노태우는 민주화를 감당해내는 가운데 북방 정책의 길을 텄고, 김영삼은 금융실명제 같은 어려운 개혁조치를 단행했으며, 김대중은 외환위기를 조기에 극복하고 복지 정책을 본격화한 대통령이었다. 노무현은 돈 선거를 청산하고 사회통합이라는 새로운 시대정신을 제시했으며, 이명박은 잇따라 터진 미국발 금융위기와 유럽의 재정위기 등을 무난히 넘겼다. 구체적인 잘잘못을 떠나, 역대 대통령들이 각자의 시대에 저마다 역할을 해 왔던 셈이다.

그러나 경제를 사람 중심으로 살피는 것에도 위험부담이 따른다. 박정희 경제를 일방적으로 미화한다든지, 노무현 경제 중 잘한 정책만 골라서 칭송하는 것 등은 모두 경계해야 한다. 그러자면 어느 한 쪽에 치우치지 않고 철저하게 사실(fact)에 근거해야 한다. 앞뒤 사정이나 정치 환경 또한 중요한 요인이다. 전임자 재임 시절에는 비판받던 정책이 후임자 대에 와서 시차를 두고 효과가 나타나는 경우도 허다했으며, 정치 환경에 따라 정책이 죽었다 살았다 하는 일도 무수했다. 이러한 사실 관계를 정확하게 파악해야 한국경제를 제대로 이해할 수 있다.

세상이 변하면서 대통령의 권한이나 리더십도 당연히 바뀌게 마련이다. 경제도 많이 변했지만 정치 환경 또한 엄청나게 달라졌다. 국회가 허수아비였을 때 대통령 권한은 무소불위(無所不爲)였지만, 지금은 국회 동의 없이 되는 것은 하나도 없다. 대통령의 힘은 크게 약해졌다. 결국 대통령의 리더십 또한 정치 환경에 따라 달라질 수밖에 없으며, 한국경제 자체가 경제논리의 한계를 뛰어넘어 정치적으로 결판나는 경우가 부쩍 늘었다.

앞으로 한국경제를 끌어갈 대통령 리더십은 과연 어떤 모습으로 진화해 나갈 것인가. 이에 대한 해답을 찾는 노력은 결국 지금까지의 한국경제발전 과정을 제대로 이해하는 작업으로부터 시작돼야 할 것이다.

경제가 민주화를 만났을 때, 노태우 시대

민주화의 회오리

전두환 정권의 마지막 해인 1987년, 6·29민주화선언은 민주화 시대의 개막을 뜻하는 것이었다. 세상이 완전히 달라졌다. 1972년 '10월 유신' 이후 15년간 지속된 독재정치 시대가 막을 내리고 선거를 통해 국민이 대통령을 직접 뽑는 민주시대로 바뀐 것이다. 전두환 시대가 아무리 경제적 업적에서 높은 평가를 받는다 해도 비민주적 억압 통치를 이어가는 데는 한계에 부딪힐 수밖에 없었다. 어찌 보면 그동안의 경제적 발전은 국민이 더 이상의 독재를 거부하고 민주화의 열망을 부채찍한 결정적 배경이었다.

민주화 열풍 속에 치러진 13대 대통령 선거에서는 야당의
분열로 여당인 노태우 민정당 후보가 당선됐다. 비록 전임 대
통령 전두환의 후계자이자 같은 군인 출신이요 절친한 친구
인 노태우에게 대통령 자리가 돌아갔다고 해도, 6·29민주화
선언 이전과 이후의 세상은 확연히 달랐다. 그것은 선거로 집
권했느냐 무력으로 집권했느냐의 차이였다. 모든 면에서 민
주화를 실감할 수 있을 정도로 세상은 급속하게 달라졌던 것
이다.

더구나 노태우 정권 출범 2개월 후에 치른 국회의원 선거
에 여당이 참패하면서 민주화의 불길은 한층 거세졌다. 여당
보다 야당 국회의원이 더 많은 이른바 여소야대(與小野大) 국
회가 탄생했다. 대통령이나 여당보다 야당의 힘이 더 센 세상
이 된 것이다. 이 같은 정치상황이었기에 비리 스캔들이 터지
자 노태우는 전임 대통령이자 자신을 대통령 자리에 앉혀준
친구 전두환을 백담사로 '귀양' 보내는 결정을 어쩔 수 없이
내려야 했다.

세상이 달라지면서 경제 분야의 가장 두드러진 변화는 노
동계였다. 잔뜩 눌려 있던 용수철이 튕겨나오듯, 노동계의 개
혁 요구는 정권이 출범도 하기 전부터 6·29민주화선언을 기
점으로 봇물처럼 터져 나왔다. 정치든, 정책이든, 사업이든 노

동계의 요구를 수용하지 않으면 아무것도 할 수 없었다. 기존의 노동 정책은 하루아침에 180도 선회했다. 노태우 대통령 후보는 선거 때부터 노동자 요구를 과감하게 받아들일 것을 약속했고, 전두환 정권의 마지막 부총리 정인용도 "노사분규에 정부가 개입하지 않겠다."는 입장을 밝혔다.

경제운용방식도 확 달라졌다. 우선 청와대의 기구와 역할이 줄어들면서, 각 부처 실무자들이 알아서 하는 일이 크게 늘어났다. 청와대 경제수석의 권한과 역할도 크게 약화되고 장관의 권한은 그만큼 강해졌다. 노태우도 "경제 정책은 부총리인 경제기획원 장관을 중심으로 하라."라든지 "경제수석은 행정부 일에 간여하지 마라."라고 지시했다.

가장 중요한 변화는 국회였다. 여소야대 속에 박정희 시대 이후 주요 정책 결정을 주도해 왔던 정부-여당 연석회의가 이때부터 완전히 힘을 잃었다. 정부와 여당이 아무리 합의해봤자, 거대 야당이 반대하면 그만이었다. 정부 관료들은 의회를 장악한 야당 눈치 살피기에 급급했다. 정책 결정의 핵심 축이 청와대를 떠나서 여의도 국회의사당으로 옮겨 갔다. 오랜 기간 지속된 정부 주도의 경제 체제로서는 처음 겪는 일이었다.

대통령의 권한은 눈에 띄게 위축되는 가운데, 13대 국회는 권력의 중심에 올랐다. 법을 만드는 과정도 정부 관료 중심에서 국회의원으로 중심으로 바뀌었다. 1988년 한 해 동안 국회에 제출된 법안은 모두 396건이었는데, 이는 12대 국회에서 4년간의 제출 법안을 모두 합친 것(379건)보다 많은 숫자였다. 그중에서 국회의원들이 발의한 것이 전체의 81.3%나 됐다. 국회의 위상이 높아지고 권한이 커지면서 농민들이 추수한 쌀을 정부가 사들이는 가격(추곡수매가격)까지도 국회가 결정하는 세상으로 변했다.

경제는 아무도 걱정하지 않았다

'지옥의 경제'에서 출발했던 전두환의 제5공화국 정부에 비해, 노태우의 제6공화국 정부는 '천국의 경제'에서 출발했다. 전두환이 최악의 경제상황에서 경제회복에 총력을 기울이는 것이 당연했다면, '단군 이래 최고의 호황'이라는 경제 국면에서 정권을 넘겨받은 노태우가 경제에 별 신경을 쓰지 않은 것 또한 이상할 게 없었다.

경제는 아무도 걱정하지 않았다. 1987년의 주요경제지표를 보면 경제성장률 11.1%, 소비자 물가상승률 3.1%, 국제수지 흑자 100억 달러를 기록했으니 그럴 만도 했다. 전두환 정권 중후반부터 시작된 호황국면이 계속되는 가운데 두 자리 수 경제성장률에 2~3%대의 안정된 물가, 거기에 국제수지는 계속 흑자 규모를 늘렸다.

경제는 저절로 쑥쑥 커졌고, 정부는 수출보다 수입을 늘리는 방책을 강구해야 하는 행복한 고민에 빠졌다. 보수적인 경제 관료들조차 들뜨지 않을 수 없었다. 경제전망치는 2~3년 계속 목표 초과 달성으로 틀려나갔다. 부동산투기 바람이 불고 노사분규가 극심해지기 시작했으나 이를 문제 삼는 사람은 없었다. 한국경제는 가만히 놓아두기만 해도 저절로 잘될 것처럼 여겨졌다. 이제 사람들은 대부분 한국경제가 선진국 대열에 들어서는 것으로 확신했다. 대통령도, 경제수석도, 장관을 비롯한 경제 관료들도, 언론사도, 학자들도 한국경제의 장래를 낙관했다. 더구나 88서울올림픽까지 눈앞에 있지 않은가. 이런 분위기 속에서 혹시 경제를 걱정하는 소리를 하면 "당신은 경제를 핑계로 개발독재시대로 돌아가자는 것이냐."라는 핀잔을 듣기 일쑤였다.

노태우는 경제를 잘 모르기도 했지만 경제가 좋을 때 대통령이 됐으니 애당초 경제 걱정을 할 필요를 느끼지 않았다. 대통령 취임사에서도 "그동안 이룩한 고도성장의 열매가 골고루 미치는, 정직하고 정의로운 분배를 실현하기 위해 정부와 모든 계층의 국민이 합심할 때"라고 말한 것이 경제 분야를 언급한 유일한 대목이었다.

물론 노태우도 선거 이전부터 교수 출신 국회의원 김종인을 과외 선생으로 경제 공부를 틈틈이 해 왔으나 워낙 경기가 좋아 고민할 필요도 없었을 뿐더러, 경제 공부를 좋아하지도 않았다. 정치 민주화가 관심거리고 중요하지, 경제 쪽은 전두환 시대가 만들어 놓은 기본 틀을 그대로 물려받으면 된다고 생각했던 것이다. 취임 후 경제부총리와 재무부 장관 등 요직에 전두환 정권의 장관을 유임시켰던 것이 단적인 사례다.

더구나 집권 초기의 노태우는 전임자 전두환의 영향권에서 완전히 벗어나지 못했다. 대통령에 당선되는 과정에서 전두환의 절대적인 지원을 받았기 때문이었다. 6·29민주화선언도 마찬가지였다. 선언문 발표는 당시 민정당 대통령 후보였던 노태우가 했지만, 내용적으로는 현직 대통령이었던 전두환의 결심으로 이뤄졌던 것이다. 따라서 노태우는 대통령이 되어서도 얼마 동안은 전임자 눈치를 살펴야 했으며, 특히 경제 분야는 전두환의 틀을 크게 벗어날 생각이 없었다. 퇴임한 전두환 역시 정치판이야 민주화 회오리 속에 상당한 변화가 불가피하겠지만, 경제 쪽은 자신의 정책들이 그대로 계승될 것으로 믿었다.

물대통령의 경제민주화

'물대통령'은 노태우의 별명이었다. 소신 없는 대통령, 특징 없는 물맛 같은 대통령, 심지어는 무능한 대통령 등 좋지 않은 뜻이 함축된 별명이었다. 사실 노태우는 결단력을 갖춘 카리스마형 리더라기보다는 성격적으로 다른 사람의 의견을 따라가는 소극적인 리더였다. 주목할 점은 노태우 자신도 대통령 재임 중에 이런 별명이 붙여졌음을 알고 있었으며, 불쾌해하기보다는 '물처럼 유연하게 대처하는 대통령이 필요한 시대'라는 반응을 보였다는 점이다. 민주화 바람이 휘몰아치는 격변기에는 주장이 강하고 소신을 앞세우는 강성(強性) 대통령보다 남의 말을 잘 수용하고 유연하게 대처하는 자신 같은 스타일의 연성(軟性) 대통령이 더 적합할 수 있다는 뜻이다.

아무튼 노태우는 역대 대통령 중에서 가장 존재감이 미약한 대통령이었으며, 지금도 많은 사람은 노태우 시대를 마치 '잃어버린 5년'처럼 여기고 있다. 서점에 가도 이 시대에 관한 책이 역대 대통령 중에서 가장 적다.

그러나 이 시기야말로 한국 역사에서 매우 중요한 일들이 집중적으로 일어난, 변화무쌍한 격변의 시기였다. 드디어 박정희와 전두환으로 이어지는 26년간의 군사독재 시대가 막을 내리고, 민주화의 향연 속에서 각종 개혁이 홍수를 이뤘다. 88서울올림픽을 치렀고, 소련·중국 등 공산국가들과 처음 국교를 맺었으며, 남북한이 유엔에 동시 가입하는 역사적 사건도 바로 노태우 시대에 일어난 일이다. 게다가 정치적으로는 야당이 국회를 장악하는 여소야대 세상이 펼쳐졌다. 정보기관의 언론 통제도 이때부터 사라졌다.

정치 민주화는 물론이고 경제 쪽에서도 민주화 쓰나미가 밀어닥쳤다. 종래의 경제논리 중심의 정책 틀이 완전히 바뀌었고, 분배와 복지 쪽으로 무게 중심이 이동했다. 이승만은 건국, 박정희는 산업화, 전두환은 물가안정이 각 시대의 키워드였다면, 노태우 시대의 키워드는 민주화였다. 따라서 경제 분야 또한 이에 부응해서 크게 변할 수밖에 없었다. 민주화 열풍은 대통령의 리더십 변화에서부터 시작해, 의회의 역할 그리고 기업과 노조, 국민의 일상생활에 이르기까지 개발경제시대의 기존 인식들을 뿌리째 흔들었던 것이다.

노태우의 부드러운 리더십이 민주화 시대에 적합한 면도 있었으나 부작용도 많았다. 경제가 좋았을 때는 문제가 없었으나 나빠지면서부터는 심각한 문제들을 야기했다. 사람을 자주 바꾸고 이랬다저랬다 하면서 정책의 일관성을 찾기도 어려웠다. 집권 5년 동안 27번의 크고 작은 개각을 했고, 127명의 장관을 기용했다. 장관의 평균 재임기간도 전두환 시대의 17.5개월에 비해 크게 짧은 13개월이었다. 그러나 이같은 숫자보다 심각했던 것은 대통령이 아닌 친인척 또는 사돈들의 조언에 따라 수시로 사람을 갈아치웠다는 점이다. 특히 사회기강이 무너지고 국가 공권력이 심각하게 훼손당하는 시대의 무기력한 대통령이었다는 점에서 비판을 면키 어렵다. 더구나 전두환에 이어 수천억 원의 부정축재가 퇴임 후에 들통남으로써 물대통령으로서의 이미지는 더욱 실추될 수밖에 없었다.

힘을 잃은 청와대

경제 정책면에서 전두환은 잘했는데, 노태우는 못했다는 식으로 잘라 말할 수 있는가. 그렇게 말할 순 없다. 우선 같은 잣대로 평가하는 것에 한계가 있다. 독재 시대에서나 통했던 과감한 정책 선택이나 신속하게 밀어붙이는 추진력 등은 노태우가 아닌 다른 어떤 사람이 대통령이었다 해도 당시 상황으로는 기대하기 어려웠기 때문이다.

대통령은 더 이상 무서운 존재가 아니었다. 민주화 시대는 더 이상 대통령의 강한 리더십을 원하지 않았고, 노태우도 그 점에 동의했다. 시대 환경은 의회 중심으로 흘러갔고, 대통령 스스로 권력 행사를 삼갔으므로 청와대의 힘은 현저히 약화됐다. 정부 관료들은 노골적으로 청와대와 간격을 벌려나갔다. 그전 같으면 경제수석이 관계 장관 회의를 주재하면 장관들은 즉각 청와대로 달려갔지만, 노태우 정부에 와서는 지방 출장을 핑계로 빠지기 예사였다. 노태우도 그렇게 하는 것이 민주화 시대에 맞다며 청와대 역할과 기능을 대폭 줄였다.

여소야대 의회는 더 이상 정부의 일방통행 행정을 용납하지 않았다. 국회의원들도 경제 분야만큼은 경제부처의 전문성을 인정해 왔으나 이젠 어림없는 분위기로 바뀌었다. 상황이 이렇다 보니 권력의 중심도 청와대에서 국회의사당으로 넘어갔다. 대통령이 의회를 견제할 수 있는 거부권이 있었으나 노태우는 거부권 행사에 적극적이지 않았다. 그는 자신의 소신을 내세우기보다는 대세의 흐름을 따라가는 것을 편하게 여겼다.

경제 쪽에서 가장 먼저 민주화의 뇌관이 터진 것은 노동문제였다. 앞선 박정희·전두환 정권에서 유연하고 합리적인 노동 정책을 펴왔더라면 노태우 정권에 와서 그토록 부작용이 심각하진 않았을 것이다. 전임 정권의 잘못된 노동 정책이 다음 정권을 더 어렵게 만들었다.

경제민주화의 회오리바람은 노동문제부터 몰아치기 시작했다. 노동 분야의 변화가 세상이 달라지고 있음을 실감케 했다. 정부의 노동계 탄압은 노태우 시대에 와서 완전히 종언을 고했다. 오히려 정부는 노사문제에 스스로 손발을 꽁꽁 묶어 놓았다. 공장 안에서 치고받는 난투극이 벌어져도 경찰은 수수방관했다. 걸핏하면 발동했던 공권력 집행은 이 시대에 통하지 않는 단어였다. 정부의 공권력 투입은 노동자에 대한 탄압으로 간주됐었다. 청와대는 "대화를 통해 원만하게 해결하라."라는 것이었고, 검찰, 경찰, 안전기획부(지금의 국가정보원)는 매일 대책회의를 열기만 할 뿐 아무런 조치도 취하지 못했다. 그전 같이 청와대의 불호령 한마디로 시위데모를 진압하는 일은 자취를 감췄다.

임금 상승률은 1987년 10.1%, 1988년 15.5%, 1989년 21.2%를 기록했다. 물가가 오른 것을 차감한 실질 증가율이니 명목상 증가율은 이보다 훨씬 높았던 셈이다.

민주화의 여파로 노동계뿐만 아니라 기업들도 청와대나 정부부처를 대하는 태도가 달라졌다. 그전 같으면 정부와 재계는 늘 한편이었으나 이제 아니었다. 노동계처럼 정부에 대해 큰소리를 땅땅 치는 것은 아니었다 해도 종전처럼 정부의 말한마디에 설설 기기만 했던 종속적 관계에서는 완전히 벗어났다.

정부로서는 세상이 아무리 민주화되고 있다고 해도 기업들은 여전히 정부의 말에 고분고분할 줄 알았으나 착각이었다. 재계도 정부를 향해 할 말은 서슴없이 했다. 특히 노조의 탈법시위에 대해 정부가 필요한 공권력을 발동하지 않는 것에 대해 노골적으로 반발했다.

재벌 총수들이 대통령을 대하는 태도부터가 그전 같지 않았다. 정부의 부동산 강제매각 조치나 업종 전문화 조치 등에 대해 청와대를 상대로 직접 성토하는 일도 벌어졌다. 급기야

화가 난 노태우는 정부 정책에 가장 심하게 도전하는 현대그룹에 대해 은행 대출 중단을 지시했다. 그러자 정주영 현대그룹 회장은 한 술 더 떠 대통령에게 정치자금을 상납한 사실을 언론에 폭로하는가 하면, 자신이 직접 정당을 만들어 다음 대통령 선거에 출마하는 사태로까지 비화됐다. 상상도 못하던 일이었다.

재벌 또한 권위주의 시대와는 크게 달라지고 있었다. 그러나 민주화 대세 속에 정부의 그릇된 권위주의가 도마에 오른 것은 마땅한 일이었으나, 정부의 권위마저 크게 훼손됐던 것이 문제였다.

다시 적자 시대로

'3저 호황' 속에 거침없이 뻗어나가던 한국경제는 얼마 가지 않아 적신호가 켜졌다. 88서울올림픽의 흥분이 가시면서 경제가 속절없이 주저앉기 시작한 것이다. 민주화의 열기와 흥분 탓에 깨닫지 못했을 뿐이지, 사실 이상 징후는 이미 여기저기서 나타났었다. 우선 전임 정권에서 2~3%로 안정됐던 물가가 노태우 정권에 들어서는 7~8%가 보통이었다. 물가 통계에 반영되지 않는 부동산 가격 폭등까지 감안하면 일반 사람들이 직접 느끼는 물가는 훨씬 심각한 상황으로 치닫고 있었다.

수출 전선부터 이상이 왔다. 미국이 원화 절상을 압박하는 바람에 달러 당 원화 환율이 한때(1989년 4월) 666원까지 떨어지면서 수출이 눈에 띄게 위축됐다. 환율 탓도 있었지만, 근본적으로 한국 제품의 수출 경쟁력이 현저하게 약화되고 있었다. 한국경제는 어느새 이른바 '저효율 고비용' 구조에 빠져들었다. 가장 직접적인 이유는 전두환 정권이 3저 호황에도 불구하고 물가안정을 위해 지나치게 긴축재정을 밀어붙이는 과정에서 항만·도로 등 사회간접자본 투자를 소홀히 하여 물류비용이 급속히 올랐기 때문이다. 여기에 더해서 임금 상승 부담도 가중됐다.

국제수지는 1988년의 145억 달러 흑자를 정점으로 줄어들어 급기야 1990년부터는 적자로 돌아섰다. 흑자 시대를 마감하고 적자가 3년 연속 계속되는데도 정부는 수출의 감소 원인이 무엇인지 파악하지 못하고 있었다. 그저 "왜 이렇지? 이상한데?" 하는 식이었다.

한국 수출이 부진에 빠지게 된 것은 국내적으로 인건비와 물류비용이 급속히 오른 탓도 있었지만, 다른 나라 제품의 경쟁력이 강해진 것도 크게 작용했다. 일본의 기술과 자본, 동남아의 값싼 노동력과 풍부한 자원이 서로 결합하면서 국제협업체제를 구축했고, 미국과 유럽의 중저가 시장을 협공하는

데 성과를 올리고 있었던 것이다. 요컨대 동남아에서 만들어진 일본 브랜드 제품이 싼값으로 나서는 바람에 메이드 인 코리아는 당해낼 재간이 없었다.

돌이켜 보면, 한국경제가 3저 호황의 시대에 민주화의 축포를 터뜨렸고, 때맞춰 88서울올림픽을 개최했던 드라마틱한 과정은 세계의 화젯거리였다. 특히 한국의 치밀한 올림픽 개최 준비와 대회 진행, 한강을 중심으로 한 서울의 발전상이 텔레비전 중계를 통해 소개되면서 세계를 놀라게 했었다. 88서울올림픽으로 한국의 국제 이미지는 숫자로 환산할 수 없이 업그레이드되었다. 이로써 한국은 선진국 대열에 단숨에 들어 선 것 같았다.

그랬던 것이 얼마 못가서 수출이 주저앉는 가운데 물가는 물가대로 치솟는 이른바 스태그플레이션 현상이 심각해졌다. 사방에서 '총체적 난국, 총체적 위기' 같은 우려의 소리가 유행어처럼 번졌다.

1991년과 1992년의 경제 상황은 속절없이 악화되어 갔었다. 수출로 활로를 이어가던 대기업들은 노사분규와 임금 상승, 반기업 정서 등으로 시련을 겪자 생산기지를 동남아로 옮겼다. 1988년경부터 신발·의류·가발 등 전형적인 노동집약적 산업들이 선봉에 섰다. 이른바 한국 기업의 해외 투자 시작이었다.

정부는 종래의 정부가 아니었다. 정부는 일사불란하게 처리하는 일이 없었고, 회의만 하면 서로 다투었고 결론이 잘 나지 않았다. 결과적으로 그토록 힘겹게 이룩했던 흑자경제는 다시 적자로 돌아섰고, 그것의 연장선에서 5년 뒤 국가부도 위기 사태로까지 이어지게 되었다.

부동산 투기 열풍과 신도시 건설

세상이 바뀌면서 경제 정책도 달라질 수밖에 없었다. 그토록 소망했던 경제성장, 물가안정, 국제수지 흑자, 이른바 세 마리의 토끼를 잡았건만 국민의 불만은 오히려 더 심해졌다. 나라 경제가 튼튼해지고 좋아졌지만, 부동산 투기가 극심해 사람들은 살림살이가 더 쪼들려졌다고 느꼈다. 하기야 그동안 산업화의 성공 덕분에 먹고 사는 문제는 어느 정도 해결했으니, 이제는 주거 환경을 중심으로 '어떻게 사느냐' 하는 문제로 관심이 옮겨질 때도 됐다.

원래 부동산 투기 바람은 경기가 좋아질 때마다 겪었던 한국경제의 고질병이었다. 좁은 땅에 인구가 많은 현실에서는 집값이나 땅값은 정도의 차이일 뿐 오르기 마련이다. 따라서 시중에 돈이 많이 풀리기만 하면, 그 돈들이 너도나도 부동산에 몰려가 투기바람을 일으켰다. 1970년대 후반 중동건설 붐으로 달러가 쏟아져 들어왔을 때 부동산투기가 극심했던 것이 대표적인 경우다.

노태우 시대의 부동산 투기는 두 가지 이유에서 폭발이 예고된 시한폭탄이나 다름없었다. 첫째, 3저 호황 속에 경제성장률은 1986년부터 1988년까지 3년 연속 연평균 11~12%를 기록했으니 부동산이 가만히 있을 리 없었다. 소득이 높아지고 시중에 돈이 많이 풀리면서 부동산 투기에 불이 붙었던 것이다. 둘째, 전두환 시대에 물가안정에 집착한 나머지 너무 오랫동안 돈줄을 조이는 정책을 펴는 과정에서 주택을 늘리는 데 소홀했던 점이다. 특히 그사이에 사람들은 소득 수준이 높아지면서 집을 늘리고 싶어 하는 경향이 두드러졌던 반면, 중대형 아파트 공급은 턱없이 부족했다. 따라서 중대형 아파트 값이 하늘 높은 줄 모르고 올랐다.

결국 공급이 부족한 상태에서 수요 폭발이 가세하면서 투기의 불길이 확산일로로 번져갔다. 정부는 여러 차례 공급을 늘리는 정책을 썼지만, 오히려 아파트값은 더 올랐다. 가수요 현상 때문이었다. 사람들이 아파트값이 계속 오를 것을 예상하는 상황에서 집을 사두는 것을 최상의 재산증식 수단이라고 여겼기 때문에 웬만한 공급확대로는 투기를 막을 수 없었다.

전국 땅값 상승률은 1980~1987년 사이에 연평균 10.5%였으나, 노태우 정권 출범 첫해인 1988년에는 27%, 1989년에는

32%, 1990년에는 20.6%로 가파른 상승을 거듭했다. 1988년과 1991년 사이에 아파트값은 2.6배나 올랐다. 1억 원으로 40평짜리 아파트를 살 수 있었는데, 3년 후에는 15평짜리도 사기 어렵게 된 것이다.

이런 배경에서 나온 정책이 신도시 건설과 토지 공개념 정책이었다. 서울 근교인 분당과 일산에 초대형 신도시 건설을 통해 부족한 중대형 아파트를 왕창 늘리는 한편, 강력한 토지 공개념 정책을 펴서 투기 수요에 철퇴를 가하자는 것이다.

허허벌판이던 서울 근교의 분당을 비롯해 일산, 산본, 평촌 등지에 대규모 주택단지가 지어졌다. 과거에는 울산, 창원, 구미 등 공장들을 유치하는 산업단지 조성을 위해 신도시를 건설했지만, 주거단지로서의 신도시 건설은 이때가 처음이었다. 이렇게 해서 노태우 정권은 임기 중에 목표했던 200만 호 건설을 1년 앞당겨 달성할 수 있었다. 전두환 시대에는 500만 호 건설을 장담했다가 176만 호에 그쳤다.

신도시 건설이 공급확대 정책의 핵심이었다면, 수요 면에서는 투기를 잡기 위한 '토지 공개념' 도입이라는 또 다른 정책이 강력히 추진됐다. 사유재산권을 보호하는 것이 기본이지만, 땅에 대해서는 예외적으로 공익성을 감안해 정부가 규제할 수 있어야 한다는 논리가 토지 공개념이다. 예컨대 땅을 사서 그냥 놀리는 유휴지에 대해 무거운 세금을 매긴다든지,

일정 규모 이상은 강제로 팔게 하는 등 강경한 정책을 폈다. 그러나 규제가 너무 지나쳐서 부작용도 없지 않았다.

아무튼 노태우 정권은 부동산 투기로 인해 집권 초기에 고생을 많이 했는데, 이것의 원인은 대부분 전두환 정권에서 넘어온 것들이었다. 그래도 신도시 건설과 토지 공개념 정책이 많은 부작용도 유발했으나 극심했던 부동산 투기는 수습할 수 있었다.

북방외교 시대를 열다

공산권 국가들은 오랫동안 적국이었다. 1980년대까지만 해도 소련, 중국, 체코 같은 공산권 국가와는 외교도 없었고, 상품 교역이나 기업들끼리 사업을 함께하는 것도 금지되었으며, 여행도 갈 수 없었다. 그랬던 것이 공산권 국가들이 줄줄이 무너지고 자본주의 시장경제를 도입하는 것에 때를 맞춰 한국도 이들과의 정치·경제적 교류를 시작하게 된다. 공산권 국가 대부분이 한국보다 북쪽에 몰려 있기에 이들과의 교류 정책을 '북방 정책'이라고 불렀는데, 노태우가 이 북방 정책의 선봉에 섰다.

노태우는 다른 것은 몰라도 북방 정책에 관한한 뽐낼 만하다. 당시 공산권 국가들과의 수교는 외교적으로도 중요했지만, 다른 한편으로는 한국경제의 새로운 활로를 열어 가는 데 결정적인 계기를 마련한 것이다. 노태우는 1989년 헝가리를 시작으로 재임 기간에 수교한 공산권 국가가 무려 37개국이나 됐다. 이처럼 짧은 시간에 많은 공산권 국가들과 수교할 수 있었던 것은 노태우가 시대적인 흐름을 놓치지 않고 북방 정책을 과감하게 추진했던 결과였다.

사실 정부 안에서 조차 북방 정책을 둘러싸고 찬반이 엇갈렸다. 외무부(지금의 외교부)는 북방 정책에 적극적이었지만, 경제부처들은 소극적이었다. 공산국가들이 대부분 수교를 대가로 경제협력이라는 막대한 뒷돈을 요구했기 때문에 이를 감당해야 할 경제부처들은 자연히 소극적일 수밖에 없었다. 이런 분위기 속에서 노태우가 "돈이 들더라도 공산권 수교는 해야 한다."라는 입장을 고수한 결과로 북방 정책은 적극적으로 추진됐다.

초기의 수교 협상은 정상적인 외교채널을 통해서가 아니라 주로 비밀리에 이뤄졌다. 그러다가 소련(러시아와 우크라이나 등 15개의 연방국가)과의 수교를 계기로 북방 정책이 본격화되기 시작했다.

소련과의 수교 과정에서도 반대 의견이 많았다. 소련의 개혁(페레스트로이카, perestroika)을 이끌었던 고르바초프 대통령은 한국의 수교 희망에 대해 노골적으로 돈을 빌려 달라고 요구했기 때문이다. 처음에 소련에서 요구한 금액은 50억 달러였는데, 정부는 줄다리기 협상을 통해 30억 달러로 깎았다. 물론 공짜로 주는 것은 아니고 현금과 상품을 섞은 경제협력 형태로 빌려 주는 것이었다. 1990년 10월 1일, 드디어 한소(韓蘇) 수교가 맺어졌다. 40년 전, 6·25전쟁을 배후에서 조종했던 나라의 대사관 깃발이 서울 한복판에 휘날리게 된 것이다.

30억 달러 차관 제공을 조건으로 소련과 수교가 이뤄진 것에 대해 부정적인 견해도 만만치 않았다. 수교를 돈 주고 샀다느니, 굴욕 외교라느니 하는 비판의 소리가 높았다.

노태우는 처음부터 부처 실무자들을 배제하고 청와대 중심으로 문제를 풀어갔다. 경제 관료들이 경제적 비용 위주로 따졌던 반면, 청와대는 정무적 입장에서 수교를 추진했다. 노태우는 소련 수교 협상을 측근인 김종인 경제수석에게 일임했다. 김종인은 경제적 부담이 있더라도 소련과의 수교를 성사시켜야 한다고 판단했고, 노태우는 전적으로 그의 말을 따랐다.

소련과의 수교는 이후에 벌어진 많은 변화의 출발이었다. 당장 북한에 상당한 영향을 미쳤다. 전통적으로 무조건 북한을 편들었던 소련이 남한과 국교를 정식으로 수립했기 때문이다. 이듬해인 1991년, 남북한의 유엔 동시가입도 이런 분위기 속에서 성사된 것이었다.

역사적인 한소 수교를 맺은 노태우와 고르바초프(1990년 10월 1일).
노태우의 북방 정책은 이후 중국 수교에 큰 영향을 줬다.

　중국과의 수교(1992년 8월)가 속도를 낼 수 있었던 것도 소
련과의 수교 영향이 컸다. 소련 수교를 성사시킨 노태우는 여
세를 몰아 중국과의 수교에 박차를 가했다. 북한과 '형제국가'
인 중국과의 협상에 어려움이 있었으나, 소련과의 수교 덕을
많이 봤다. 그러나 한국과 수교 이후 중국은 북한의 반발에 적
지 않게 시달려야 했다.

　만약 중국과의 수교가 2~3년 뒤로 미뤄졌다면 한국이 중
국 시장에 진출하는 시기는 지금보다 훨씬 늦어졌을 것이다.
오늘날 중국 시장 수출이 미국과 일본 시장 수출을 합친 것보
다도 많을 정도로 한국경제에 새로운 젖줄이 되었음을 생각
하면, 노태우 시대의 북방 정책이 갖는 경제적 의미는 매우 크다.

경제는 실패, 개혁은 성공, 김영삼 시대

문민 대통령

김영삼 시대의 경제 정책을 이해하기 위해서는 김영삼이 어떤 정치인이었는지 먼저 살펴봐야 한다. 그는 자신의 정부를 '문민정부'라고 명명했다. 새로 집권한 정부가 이런 별명을 스스로 작명한 것은 이때가 처음이었는데, 자신의 정부를 그전까지의 군인 출신 대통령들과 구별하기 위해서였다. 박정희, 전두환, 노태우 등 군인 출신 대통령이 통치하던 시대가 끝나고, 민주화에 몸을 바쳤던 자신이 대통령에 당선됨으로써 비로소 민주 정부가 들어섰다는 점을 강조했던 것이다. 다시 말해 자신은 전임 군인 대통령과는 달리, 민주투사 출신의 문민 대통령이라는 점을 내세우고 싶어 했다.

권위주의 통치시대는 1987년 6·29민주화선언으로 사실상 끝났다고 봐야 한다. 앞서 살펴봤듯이 비록 군인 출신이지만 노태우 시대에 들어와서 엄청난 변혁의 회오리가 몰아치는 가운데 각 부문에 걸쳐 민주화가 급속하게 진행되었다. 대통령 직선제가 부활되었고, 국회의 힘이 야당 지배 아래 크게 강화되는 등 세상이 바뀌었다. 그러나 김영삼은 노태우 시대의 민주화를 대수롭지 않게 생각했다. 군인 통치의 연장이라 폄하했고, 진정한 민주화는 자신이 대통령이 된 것으로부터 카운트해야 한다고 믿었다. 선거 때 '군정 종식'이라는 슬로건을 내걸었던 것도 그런 맥락에서였다.

그는 집권 이후 자신의 슬로건을 거침없이 실천해 보였다. 전두환과 노태우 두 전직 대통령들을 비자금 수사를 통해 감옥에 보냈고, 군 내부에서 막강한 네트워크를 구축했던 '하나회'라는 모임을 단숨에 해체시켰다. 군인 정치의 부활 가능성을 철저히 뿌리 뽑겠다는 것이 그의 생각이었다.

경제면에서도 과거와의 차단을 시도했다. 1962년부터 시작된 '박정희표' 5개년계획을 폐지하고 집권 첫 해부터 '신경제 5개년계획'이라는 새 간판을 달았으며, 33년 동안 한국경제의 사령탑 역할을 했던 경제기획원도 없앴다. 박정희 경제의 상징이랄 수 있는 5개년 경제계획과 이를 추진한 경제기획원이 김영삼 시대에 와서 일거에 폐지된 셈이다. 김영삼은 이처럼 과거와 선을 명확히 그은 것은 물론이고 경제 분야에서도 강력한 개혁 조치를 단행해 나가겠다고 다짐했다.

실제로 개혁 대통령이라고 할 정도로 김영삼은 집권 내내 개혁 작업을 계속했다. 그중 최고의 개혁은 부정부패에 대한 개혁이었다. 그는 '윗물이 맑아야 아랫물이 맑다.'라는 말처럼 자신을 포함한 공직자들이 부패척결에 솔선수범해야 함을 강조했다. "단 한 푼의 정치자금도 받지 않겠다."라고 공언하는가 하면, 공직자 재산신고 제도를 도입하는 등 공무원들의 부패를 방지하는 제도적 장치를 만들었다. 국회의원들을 포함한 고위공무원의 재산등록을 의무화한 제도가 이때 만들어짐으로써 한국사회의 부패 개선에 두고두고 큰 역할을 하게 된다.

이 시기에 실시한 금융실명제도 경제 정책보다는 부패척결 차원에서 내린 긴급조치였다. 금융실명제 실시로 가장 타격을 받게 된 곳은 기업들보다 정치판이었다. 가장 고질적인 부패의 고리가 정치자금이었는데, 실명제 실시로 정치자금의 움직임이 드러날 수밖에 없게 된 것이다. 물론 김영삼의 아들과 주변 인물들이 비리 스캔들로 많은 물의를 일으켰고 감옥 가는 일도 빈번하게 벌어졌었다. 그러나 공직자 재산등록제도나 금융실명제 등 이 시대에 구축된 제도적 장치가 한국 사회의 투명성을 높이는 데 결정적인 계기가 되었다.

신경제 5개년계획

김영삼 정부가 들어섰을 때의 경제는 어떠했을까. 첫 경제
부총리 이경식이 취임 직후에 한 말은 1993년 초 경제상황을
잘 요약해주고 있다.

"1980년대 후반 이후 한국경제는 경쟁력 약화와 함께 성
장활력이 크게 떨어졌다. 정치 민주화에 상응하는 경제윤
리가 새롭게 따르지 못했고, 부동산투기 등으로 계층간 갈
등이 심화됐으며, 각종 규제로 기업의 투자의욕이 크게 위
축됐고, 넷째 사회 전반적으로 왕성했던 의욕과 자신감이
상실된 것이 이유다. 게다가 중국과 동남아처럼 새로운 경
쟁 상대국들이 부상하는 등 1992년 하반기 이후 한국경제
는 구조적인 어려움에 빠져 들었다."

경제 사령탑이 스스로 한국경제가 근본적으로 잘못되고 있
음을 솔직히 시인한 것이다. 노태우 정권이 출발했을 때의 장
밋빛 경제와는 전혀 딴판이었다. 외국의 시각도 어느새 비관
론으로 돌아섰다. 국제 언론들은 한국경제를 빗대어 "샴페인

을 너무 일찍 터뜨렸다." "한국은 더 이상 아시아의 4마리 용 중 하나가 아니다."라는 등의 냉소적인 보도를 하기 시작했다.

김영삼도 전임 대통령인 노태우와는 달리 취임사에서 경제를 심각하게 걱정했다. 그는 한국경제가 심각한 병을 앓고 있다면서 세계적인 경제전쟁, 기술전쟁에서 살아남으려면 새로운 각오로 분발할 것을 촉구했다. 노태우의 취임사와는 매우 대조적이었다. 그도 그럴 것이 노태우는 전임자 전두환으로부터 아주 좋은 상태의 경제를 물려받았지만, 김영삼은 전임자 노태우로부터 매우 어려운 상태의 경제를 물려받았던 것이다. 88서울올림픽을 기점으로 수출이 꺾이면서 국제수지가 다시 적자로 돌아섰고, 물가는 7~8% 오르는 것은 예사였다. '고비용-저효율'로 요약되는 소위 '한국병'에 대한 우려가 여기저기에서 제기되기에 이르렀다. 미국이나 유럽의 중저가 시장에 싼값을 내세워 수출을 늘려온 나라가 빠른 속도로 가격 경쟁력을 잃고 있으니 보통 심각한 문제가 아니었다. 새 대통령의 경제 걱정은 당연했다.

김영삼 정부는 '신경제 건설'을 내걸면서 어려움에 빠진 한국경제를 다시 일으켜 세울 것을 다짐했다. 신경제라는 것은 요즘 식으로 말하면 창조경제를 추진하겠다는 것과 같은 발상으로, 여러 개혁 프로그램을 많이 담고 있었다.

김영삼 정부는 나쁜 상황에 아랑곳하지 않고 '신경제'라는 이름 아래 기세 좋게 출발했다. 부패를 척결하고, 경제를 살리고, 흐트러진 국가기강을 바로잡겠다는 국정 목표는 하나도 버릴 말이 없었다. 취임 전부터 준비했던 신경제 5개년계획을 통해 문제로 거론됐던 한국병도 거뜬히 치유될 수 있음을 자신했다.

신경제의 설계자는 서울대 교수 출신으로 첫 경제수석에 앉은 박재윤이었다. 그는 대통령 선거 캠프 시절부터 후보의 경제가정교사였으며, 기존의 5개년계획과는 별개로 새 대통령의 임기에 맞게 신경제 5개년계획을 준비해 왔었다.

그러나 '신경제'는 말처럼 쉽지 않았다. 공기업 민영화, 개방화, 노동법 개정, 금융실명제 등 여러 이상적인 개혁 프로그램을 담고 있었으나 막상 출발부터 뒤뚱거렸다. 신경제 추진의 중심인물이었던 박재윤은 당장의 경기 침체에 대한 단기 처방으로 '신경제 100일 계획'을 내놓았는데, 이것부터 삐걱댔다. 의욕이 너무 앞섰을 뿐 아니라 김영삼 정부가 추진하겠다던 여러 개혁 프로그램과 갈등을 일으키면서 초장부터 논란에 휘말렸다. 더구나 정부 안에서도 의견이 엇갈려 신경제 5개년계획 자체가 얼마 못 가 흐지부지되고 말았다.

경제 공부를 싫어한 대통령

원래 김영삼은 치밀하게 계획을 세우고, 체계적으로 일을 추진하는 스타일이 아니다. 특히 숫자가 있는 보고서를 싫어했으며, 구체적인 사항에는 관심이 없었다. 물론 김영삼도 대통령에 당선되기 위해 후보 시절에 경제를 공부하는 데 상당한 시간을 할애했으나 성과를 거두지 못했다. 텔레비전 토론을 준비할 때도 경제 분야 공부를 꺼려서 가정교사 박재윤이 애를 먹었다. 김영삼은 원래부터 거시 정책이니 미시 정책이니 하는 경제 용어를 이해하지도 못했을 뿐 아니라, 그런 것은 전문가나 직업 관료들에게 맡기면 된다고 여겼다.

아마 다른 대통령이었다면 신경제 5개년계획이 그토록 허망하게 사라지지는 않았을 것이다. 요즘 식으로 말하자면 YS노믹스에 해당하는 신경제 5개년계획이 힘도 한번 못 써 본채 흐지부지된 가장 근본적인 이유는 김영삼 자신이 경제에 대한 이해나 열정이 워낙 부족했기 때문이다.

그렇다고 김영삼이 경제를 무시한 대통령은 아니었다. 취임사에도 밝혔듯이 그는 나름대로 '한국병'을 치유해야 경제가 다시 살아날 수 있다는 점은 절실히 느끼고 있었다. 그는 특유의 카리스마를 발휘해서 다른 대통령은 엄두를 내지 못했던 경제 개혁 정책을 훌륭히 실현할 수 있다고 자신했다. 특히 대통령이 우유부단해서 해야 할 것을 못하는 일은 자신의 임기 중에 없다고 장담했다. 전임 대통령 노태우와는 다르다는 점을 확실히 보여주고자 했다.

실제로 과단성 있는 주요 개혁 정책에서 큰 성과를 냈다. 김영삼은 대통령 긴급명령을 통해 감쪽같이 금융 실명제를 실시한 것을 비롯해, 여론의 비난을 무릅쓰고 우루과이 라운드에서 쌀 수입 개방에 물꼬를 텄으며, OECD에도 가입했다. 또한, 노동 시장의 유연성 제고를 위해 노동법 개혁을 밀어붙였고, 레임덕에 아랑곳없이 정권 막판에 금융개혁에 박차를 가했다. 그는 '개혁'이라는 한방 승부에 강했다.

김영삼의 개혁 정책은 높이 평가받을 만했다. 그가 아니면 불가능했을 것을 여러 가지 해냈다. 하지만 각 분야의 개혁을 통해 한국병을 치유하겠다는 의도는 좋았으나 결과는 뜻과 같지 않았다. 사람 몸에 비유하자면 환자의 체력이나 체질은 소홀히 한 채 여기저기 대형 수술을 벌이는 통에 오히려 더 큰 화를 부른 셈이 됐다. 1997년, 한국 경제를 외환위기로까지 몰고 간 것이 그것이다.

외환위기를 초래하기까지에는 여러 가지 복합적인 원인이 있었지만, 대통령의 경제관과 리더십을 빼놓을 수 없다. 그는 경제에 대한 이해가 너무 부족했다. 김영삼은 늘 "사람의 머리는 빌리면 된다."라는 철학을 강조했지만, 경제를 너무 모르니 불안한 나머지 믿고 맡기지 못했다. 경제가 여의치 않다고 느끼거나 언론 비판의 도마에 자주 오른다 싶으면 하루아침에 장관들을 갈아치웠다. 따라서 일회성 개혁은 성공했으나, 시간을 가지고 일관성 있게 추진해야 하는 전반적인 경제 정책은 성공할 수 없었다. 급기야 경제 주권을 포기해야 하는 국가부도 위기 사태로까지 몰고 갔던 것이다.

금융실명제의 전격 실시

금융실명제란, 예금이나 적금 통장을 만드는 등 금융거래를 할 때 반드시 자신의 이름을 밝히도록 하는 제도다. 다른 사람의 이름이나 가명을 사용하면 안 된다. 선진국들은 대부분 금융실명제를 실시하고 있다. 지금이야 당연한 일로 여기고 있지만, 한국은 건국 이후 오랫동안 차명예금이나 가명예금이 허용됐다. 그럴만한 이유가 있었다. 서둘러 산업화를 추진하는 과정에서 필요한 돈을 조달하려면 사람들이 예금을 많이 해야 하고, 그러려면 가명, 차명을 가릴 처지가 아니었다. 실제로 이런 비실명 정책 덕택에 예금이 늘어나 국내 자본을 동원하는 데 많은 도움이 되었다.

그러나 경제가 발전하고 투명성이 중요한 문제로 부각되면서 한국도 일부 관료들을 중심으로 금융실명제 실시를 조심스럽게 거론했다. 특히 세금 전문가들에게는 금융실명제를 실시하는 것이 '꿈'이었다. 실명으로 예금해야 그 사람의 이자소득이 얼마인지를 파악할 수 있고, 빠짐없이 종합소득세를 과세할 수 있기 때문이다.

그렇다면 누가 맨 처음 금융실명제에 불을 당겼던 것일까. 야당이나 시민단체가 아니라 독재자로 불렸던 전두환에 의해서였다(1983년 7.3조치). 집권한 지 얼마 되지 않아 그의 친인척까지 거론된 대형 금융스캔들이 터지는 바람에 정의사회 구현을 표방했던 전두환 정권으로서는 체통이 말이 아니었다. 전두환은 실추된 민심을 수습하려면 초강수의 개혁조치가 불가피하다고 판단했고, 그래서 결심한 것이 금융실명제 도입이었다. 비리 스캔들이 없었으면 생각도 못할 일이었다.

마침 개혁성향이 강한 재무부 장관 강경식, 경제수석 김재익 등이 금융실명제 실시에 적극적으로 앞장섰다. 전두환은 상당한 경제적 부작용과 정치적 반발이 있더라도 금융실명제를 꼭 실시할 작정이었다.

처음에는 정부의 기세에 눌려 반발의 목소리가 크지 않았다. 권위주의 통치 시대였으므로 언론도 마음대로 비판하지 못했고, 재계 또한 드러내고 반대할 수 없었다. 금융실명제 실시 목적이 가명, 차명, 무기명 예금을 일절 금지시켜 검은돈을 뿌리 뽑고 투명성을 높여서 세금을 제대로 걷자는 것이므로 명분상으로는 반대하기 어려웠다.

그러나 반대는 시간이 지나면서 정치권, 특히 여당인 민정당 내부에서 본격화되었다. 금융실명제를 실시하면 가장 타격을 받게 되는 쪽은 바로 정치자금의 조달 내용이 죄다 들통나게 될 정치인들이었다. 급기야 집권세력의 핵심 인물들이 나서서 "실명제를 실시할 경우 정치자금 문제로 정권을 유지할 수 없게 된다."라면서 노골적으로 반기를 들었다.

또 다른 반대 이유는 경제적 부작용이었다. 당시의 전산 시스템으로는 실명제를 감당할 수 없으며, 돈의 흐름이 위축되어 가뜩이나 어려운 경제에 심각한 타격을 준다는 것이었다. 국회 입법과정에서 시간이 갈수록 반대의견이 득세했다. 야당은 줄기차게 부정부패를 척결하려면 실명제를 해야 한다고 했다. 결국 국회가 관련법을 만들기는 했으나 부칙에서 실시 시기를 정하지 않는 편법을 통해 금융실명제 실시 계획을 무산시키고 만다. 물론 전두환의 포기 결정에 따른 것이었다.

다음 대통령인 노태우에 의해서도 금융실명제는 다시 시도됐다. 노태우도 대통령 선거공약에서 분명히 금융실명제 실시를 다짐했으므로 그냥 넘어갈 수 없었다. 당시 경제부총리 나웅배는 "1991년 1월부터 금융실명제를 실시하겠다."라며 실시 시기까지 못 박았다. '금융실명거래 실시준비단'까지 설치되는 등 전두환 때보다도 한결 짜임새 있게 일이 진행되었다. 평소에 개혁파로 알려진 문희갑 경제수석이 선봉에 나서 금융실명제 추진을 강력히 뒷받침했다. 그러나 3당 합당으로 여소야대 시대가 끝나고, 1989년 하반기부터 경기가 나빠지는 가운데 총체적 위기론이 확산되면서 상황은 달라졌다. 결국 1990년 3월 개각에서 이승윤 부총리-김종인 경제수석 팀이 들어서면서 금융실명제는 무기한 연기되었다.

새 경제팀은 부동산투기 억제나 경제회생 노력이 더 시급하다는 명분을 내세웠으나 역시 정치적 상황 변화가 가장 큰 변수였다. 노태우는 실명제에 대해 이렇다 할 소신이 없었다.

이처럼 앞의 두 정권에서 무산되었던 금융실명제가 드디어 김영삼에 의해서 이뤄졌다. 집권 5개월 만에 번개 치듯 해치운 것이다. 물론 김영삼도 다른 후보들과 마찬가지로 선거공약에서 금융실명제 실시를 다짐했다. 그러나 그 말을 믿는 사람은 많지 않았다. 막상 대통령이 된 후에도 박재윤 경제수석은 "일단 경제가 나쁘니, 신경제 100일 계획으로 경제를 회복시킨 후에 금융실명제를 실시하는 게 좋겠다."라고 대통령에 보고했다. 그러나 김영삼은 일찍이 금융실명제 실시를 결심하고 있었다. 연기론을 보고한 경제수석 박재윤을 따돌린 채, 김영삼은 실명제를 찬성하는 이경식 경제부총리와 홍재형 재무부 장관을 불러 비밀리에 실시를 준비시켰다.

1993년 8월 12일, 드디어 금융실명제는 대통령 긴급명령으로 전격 실시됐다. 토론을 생략한 채 감쪽같이 해치운 것이 성공의 비결이었다. 국회 입법과정을 거치고 공청회를 개최했더라면 또다시 벽에 부딪힐 가능성이 컸다. 경제적으로나

정치적으로 아예 반대할 기회를 주지 않았던 김영삼식 번개 전략이 주효했던 셈이다.

내친김에 김영삼은 1995년 부동산실명제까지 후다닥 실시했다. 이로써 예금이든 땅이든 다른 사람 이름으로 숨기는 것이 불가능해 졌다. 이처럼 금융 및 부동산실명제를 법으로 의무화시킨 데다가 주민등록번호 제도와 컴퓨터의 급속한 발전으로 전 국민의 재산 상태를 즉각 확인할 수 있는 세상이 된 것이다.

대통령 긴급명령으로 전격 실시된 금융실명제는 반대할 기회를 주지 않았던 김영삼식 번개 전략이었다.

세계화와 OECD 가입

김영삼은 자신이 경제 정책을 잘하고 있다고 자부했다. 노태우 시대에 비하면 문민정부가 들어선 이후 경기가 눈에 띄게 풀린 게 사실이었다. 일본의 엔고 현상과 반도체 특수에 힘입어 수출이 회복세를 보인데다가 정부가 집권 초반에 강력한 경기부양책을 폈던 결과였다.

청와대에서는 신경제 100일 계획이 적중했다는 자화자찬이 나오기도 했다. 더구나 금융실명제 같은 메가톤급 개혁을 해치웠으니 자신만만해 할만도 했다.

그는 경제 관료들의 전문성이나 역할에 대해 별로 알지 못했고 관심도 없었다. 장관 차관이야 누구를 시켜도 그만그만한 것이고, 중요한 것은 대통령이 결단을 내리기만 하면 해결된다고 믿었다. 금융실명제와 부동산실명제가 그랬고, 쌀 수입개방으로 말썽 많던 우루과이 라운드 문제도 자신의 결단으로 치렀다고 자부했다.

김영삼은 이런 연장선에서 한 걸음 더 나아가 "고립을 자초할 것인가, 아니면 세계로 나갈 것인가."라며 자신 있게 개방 정책에 앞장섰다. 소위 '세계화 전략'을 선언하고 나선 것이다. 아무튼 김영삼 시대에 와서 한국경제는 여러 역사적 이정표를 세웠다. 1995년에는 수출 1,000억 달러를 돌파했고, 1인당 국민소득 1만 달러를 넘겼으며, 종합주가지수는 1,000선을 돌파했다. 더구나 다음 해인 1996년 말에는 OECD 에 정식으로 가입했다. 이로써 한국은 선진국이 되었다고 생각하는 사람들도 있었다. 신경제의 구호는 사라졌지만, 그의 뒤를 이은 것은 '세계화'였다. 김영삼의 세계화 정책은 한국을 선진국으로 끌어올리는 사다리로 통했다.

세계화 구호는 어느 날 갑자기 튀어나왔다. 1994년 11월, 김 영삼 대통령은 APEC(아시아태평양경제협력체) 정상회담 참석차 오스트레일리아에 갔다가 시드니의 한 호텔에서 세계화 장기 구상을 느닷없이 발표한 것이다. 이날 발표는 전혀 예상하지 못했으나 많은 사람은 고개를 끄덕였다. 마침 세계가 소련의 붕괴 이후 유행하던 '글로벌리제이션(globalization)' 흐름에 관심을 쏟고 있을 때였으므로, 세계화에 대한 그의 언급은 매우 시의적절한 것이라 여겼다.

그러나 김영삼이 말하는 세계화는 '국경 없는 세계 시장 속의 무한경쟁 현상'을 뜻하는 글로벌리제이션의 일반적인 의미와는 달리, 그가 추구하려는 자기중심적인 통치지침이나 정치 슬로건 성격이 강했다. 무한경쟁에서 이기기 위해 우리는 적극적으로 세계 시장에 진출하는 한편, 외국 자본이 한국에 들어오는 것은 최소화하는 것이 김영삼식 '일방통행' 세계화 전략이었다. 처음에는 정부에서도 정확한 의미를 몰라 헛

갈려 했다. 대외적인 영어 표기도 'Segyewha'로 쓰도록 했다. 김영삼 정부가 추구하는 세계화는 'globalization'과 다르다는 것이다.

OECD 가입도 김영삼의 정치적 업적 쌓기와 밀접한 관련이 있었다. 주요 정책 방향을 설정하고 추진하는 것도 OECD 가입에 초점을 맞춰야 했다. 정부 안에서는 OECD 가입 자격심사에 감점 요인이 될 만한 것은 말도 꺼내지 못하게 했다. 이는 환율 정책에도 영향을 미쳤다. 당시 달러에 대한 원화가치를 계속 높게 유지했는데, 이는 국민소득 1만 달러 돌파를 조기에 실현하려는 것이었다. 국민소득 금액을 달러로 표시했는데 원화가치를 낮추면 1만 달러 달성이 그만큼 어려워지기 때문이다.

1996년 말, 드디어 한국은 OECD의 정식 회원국이 되었고, 1인당 국민소득도 1만 달러 벽을 훌쩍 넘어섰다. 그러나 통계 숫자나 밖으로 드러난 화려한 모습과는 달리 한국경제는 속병이 깊어가고 있었다. 시간이 갈수록 안정을 찾는 것이 아니라, 거꾸로 혼란에 빠지고 있었다.

고비용 – 저생산성의 한국병(病)

한국경제는 노태우 시대를 거치면서 새로운 병을 앓고 있었다. 일찍이 김영삼도 취임사를 통해서 '고비용-저효율의 한국병'이라는 진단서를 내놓았었다. 진단은 제대로 했던 셈이다. 싼 비용으로 높은 생산성을 올리는 것이 한국경제의 장기였는데, 이제 비용은 다락같이 오른 반면 생산성은 떨어지고 있다는 이야기다. 세상이 바뀐 것이다.

세상이 바뀌는 과정에서 시행착오의 코스트와 부작용이 만만치 않았다. 경제 발전을 바탕으로 임금도 오르고 민주화 세상을 맞은 것은 모두가 바라던 바였다. 하지만 그러한 변화들이 한꺼번에 몰아닥치는 바람에 고비용-저효율의 딜레마에 빠지게 된 것이다. 노태우 시대에 민주화는 괄목할만한 진전을 보였으나 낙관 일색이었던 경제는 다시 경고등이 켜지고 있었다.

1987년 6·29민주화선언 이후 노태우 정권은 '경제는 민주화 뒷바라지를 하는 것'으로 인식했다. 이즈음부터 기업들은 해외투자라는 이름으로 외국으로의 탈출을 시작했고, 국민은 '소비가 미덕'임을 실생활로 익혀나갔다. 성장률이 절반으로 꺾이는 가운데 물가는 다시 오르고, 부동산 투기에다 잦은 파업과 가파른 임금상승 현상이 반복됐다. 반도체 등 일부 효자품목의 수출 호조로 한때 경기가 호전되는 듯했으나 그것도 잠시였다.

정부는 더 이상 박정희·전두환 시대 같은 개발연대의 정부가 아니었다. 민주화 흐름 속에 막강했던 관료 파워가 약해진 탓도 있지만, 근본적으로 한국경제가 그전보다 훨씬 규모가 커지고 복잡해져서 정부 역할과 영향력이 떨어질 수밖에 없었다.

정부는 손을 놓고 있었지만 기업들은 자신들의 생사가 걸려 있는 문제였으므로 상대적으로 대처가 빨랐다. 한국기업의 경쟁력이 고비용-저효율 속에 급속히 떨어지고 있음을 피부로 느끼고 있었기 때문이다. 신발, 의류, 가죽 제품, 가발, 액세서리, 잡화 등 전통적인 한국의 중·소 수출업체나 제조업체는 문을 닫거나 보따리를 싸서 동남아로 나가야 했다. 비슷한 시기, 뉴욕 맨해튼 브로드웨이 32번가 점포를 주름잡던 메이드 인 코리아 제품도 중국이나 방글라데시 제품에 밀리기 시작한 것도 이 시점이었다. 고급 시장은 일본에 못 당하고, 저가 시장은 동남아와 중국 제품에 자리를 내줘야 하는 샌드위치 신세가 된 것이다. 그래서 삼성, LG, 대우 등이 1994~1995년 무렵부터 돌파구로 선택한 시장이 브라질, 인도, 러시아, 중국 등 소위 브릭스 국가들이었다. 이는 이 시장에서 돈이 잘 벌릴 것 같아서가 아니라 일본기업들과 경쟁을 피할 수 있다는 궁여지책이었다. 당시 일본 주요 기업들은 배가 부른 나머지 위험부담이 높고 근무환경이 좋지 않은 지역은 진출을 꺼리거나 이미 진출했던 사업도 철수하고 있었다.

경쟁력을 잃던 한국기업에는 절호의 기회였다. 이런 전략이 2000년대에 들어와서 브릭스 경제의 활성화로 수출의 효자 노릇을 할 줄은 아무도 몰랐다.

분명한 것은 정부가 이 과정에서 아무런 역할도 하지 못했다는 점이다. 관료들은 인도나 브라질 시장을 오지(奧地)로만 여겼고, 모스크바에 파견된 지상사 직원들이 소련의 붕괴 속에 목숨을 걸고 마케팅하는 속사정을 제대로 파악조차 하지 못했다.

불길한 징조들

한국기업들이 경쟁력 하락 속에 해외 시장에서 고전을 면치 못하고 있을 때, 국내에서는 전두환과 노태우 두 전직 대통령의 비자금 및 차명계좌 폭로로 시끄러웠다. 그 와중에도 김영삼 정부의 개혁 정책들은 그침 없이 추진됐다. 공기업 민영화를 포함한 정부개혁을 위시해서 사법계, 금융계, 노동계 등 사방에서 판을 벌였다. 그러나 어느 것 하나 제대로 추진되는 것이 없었다. 금융실명제처럼 한방에 해치우는 것이 아니라 시간이 걸리고 합의를 도출해야 하는 일은 고전을 면치 못했던 것이다.

정부, 의회, 노조, 시민단체, 재계는 저마다 따로 놀았다. 김영삼 정권 중반까지만 해도 최소한 외형상으로는 별문제가 없어 보였다. 경제성장률도 1995년에는 9.2%, 1996년에는 7%를 기록했고, 세계적인 신용평가회사인 S&P의 국가신용 등급도 AA-로 호의적이었다.

정부는 자신만만했다. OECD 가입을 계기로 자본 시장을 과감히 개방했고, 신생 종금사들이 홍콩 금융시장에서 외자를 끌어들여 한국기업에게 빌려 주는 일도 예사로 벌어졌다. 그들은 돈만 빌려 오는 것이 아니고, 대박을 노리고 위험부담이 높은 싸구려 정크본드를 대량으로 사들이기도 했다.

국내 금리보다 낮은 외채가 들어올 수 있게 되자 기업들은 석유화학, 철강, 자동차 등의 신규 사업에 경쟁적으로 뛰어들었고, 부채비율(30대 재벌 기준)은 350~400%로 높아졌다. 그러나 원화가치가 계속 유지되는 한 기업은 외채를 많이 빌릴수록 좋았다. 재수가 좋으면 싼 금리에 더해 환차익까지 누릴 수도 있었다.

외국투자자들도 '설마 한국에 돈을 떼일까?' 하는 생각에 적극적으로 한국기업들에 돈을 빌려 줬다. 수출이 줄어들어 무역수지가 적자로 돌아서는 데도 달러가 쏟아져 들어오는 바람에 원화가치가 떨어지지 않았던 것이다. 일본의 엔화나 중국의 위안화는 같은 기간에 20~30%씩 절하되는 판에 유독 한국의 원화만 3년 내내 평균 환율이 달러 당 800원대를 유지

됐으니 수출은 죽을 쑬 수밖에 없었다. 그런데도 김영삼 정부는 아랑곳하지 않았다.

수출은 부진한데 소비재 수입이 급증하고 해외여행 자유화까지 겹쳐 급기야 1996년에는 237억 달러의 경상수지 적자를 기록했다. 외환보유고에 육박하는 적자를 낸 것이다. 다른 한편에서는 금융기관들이 해외영업 규제에서 풀려 마음대로 외자를 끌어들였다. 그것도 정부가 장기 차입은 규제하고 단기 차입만 허용했기 때문에 1년 만기 이하의 단기 외채 도입이 크게 늘었다. 이렇게 총 외채는 1993년 439억 달러에서 1996년에는 1,047억 달러로 급속히 불어났다.

이처럼 불길한 징조가 완연한 데도 환율이나 금리에 대한 정부 정책은 일관성이나 정리된 입장이 없었다. 재정경제부와 한국은행은 항상 의견이 엇갈렸고, 바뀌는 장관이나 경제수석마다 이랬다 저랬다를 반복했다. 한쪽에서 수출 경쟁력을 위해 환율을 올리자고 주장하면, 다른 한쪽에서는 기업들의 외채 상환부담 가중을 내세워 반대했다. 이견이 다른 것은 얼마든지 있을 수 있는 일이지만, 이견들을 조정하고 결론을 내려주는 시스템도 사람도 없다는 것이 문제였다. 더구나 환율인상(원화가치 절하)을 공론화하지 못한 배경에는 '국민소득 1만 달러 달성 차질'을 염두에 둔 정치적 압박이 작용하고 있었다.

잠시 고개를 들어 하늘을 쳐다보기만 했어도 시커먼 먹구름이 뒤덮이고 있음을 알아챘을 텐데, 아무도 그러지 못했다.

침몰로 끌고 간 리더십

드디어 올 것이 왔다. 1997년 1월, 한보철강 부도를 시작으로 대기업들의 연쇄부도 사태가 벌어졌고, 여기에 물린 은행들도 부도위기에 빠졌다. 같은 해 3월, 삼미그룹이 도산한 데이어 다음 달에는 진로그룹이 부도를 냈다. 끝을 알 수 없었다. 재계 7위인 기아자동차까지 손을 들자 사태는 걷잡을 수 없는 혼란으로 빠져들었다. 쌍방울, 해태, 뉴코아, 한라그룹 등이 줄을 이었다. 모두 30대 그룹 안에서 떵떵거리던 기업들이다.

급기야 10월 들어 국제신용평가사들은 한국경제의 신용평가를 떨어뜨리기 시작했고, 이를 신호탄으로 달러가 썰물처럼 빠져나갔다. 한국의 시중은행들은 국제금융시장에서 빨간딱지가 붙여졌다. 상환 만기 연장을 거부당하는 사태에까지 이른 것이다. 정부가 나서서 부랴부랴 미국·일본 등에 구조를 요청했으나 거절당했다. 결국 IMF(국제통화기금)에 구제금융을 신청하고 매달릴 수밖에 없었다.

상황이 이 지경에 이를 때까지 정부는 뭘 하고 있었던 것일까. 한국경제가 이대로 가다간 큰일 날 수 있다는 첫 문제 제기는 1995년 나웅배 부총리에 의해서였다. 그는 "긴급처방으로 해결할 수 있는 위기가 아니다. 고비용-저효율 구조를 조속히 개선하지 못하면 진짜 경제위기가 온다."라고 경고했었다. 나웅배 부총리와 구본영 경제수석 팀은 대처방안으로 "정부는 금리를 내리고, 기업은 투명성을 높여야 하며, 노조는 정리해고제를 받아들일 것"을 촉구했다. 하지만 어느 쪽의 지지도 받지 못하고 7개월 만에 경질됐다.

경제가 본격적으로 나빠지기 시작하면서 한승수 부총리와 이석채 경제수석에게 지휘봉을 맡겼다. 새 팀은 정권 말기에 접어들고 있음에도 다시 개혁의 칼을 빼들고 노동개혁과 금융개혁을 시도했으나, 이들 역시 7개월 만에 경질됐다.

그러자 이번에는 강경식 부총리와 김인호 경제수석 팀이 들어섰다. 대통령 임기는 1년밖에 남지 않았고, 급기야 대형 부도 사태가 터지기 시작한 때였으므로 이것이 마지막 경제팀인 줄 알았다. 그러나 이들도 8개월 만에 경질됐다. 김영삼은 외환보유고가 바닥나 IMF 구제금융까지 신청하는 상황에서 임창렬 부총리와 김영섭 경제수석으로 또 바뀌던 것이다.

금융 실명제를 비롯해 다른 개혁 정책들을 아무리 잘했다 해도 위기 상황을 맞아 대통령이 이런 식의 인사를 하는데 무슨 정책인들 제대로 되기 어려웠다. 물론 외환위기 상황이 대통령 혼자만의 잘못으로 빚어진 것은 아니었다. 원인을 따지고 들면 나쁜 것이 총집결된 종합선물세트였다. 중요한 요인을 정리해보자.

① 빚더미 기업(부채비율 400% 이상)들이 무모하게 외채 투자를 벌였다.
② 정부는 OECD 가입에 급급한 나머지 개방 정책을 무분별하게 추진했다.
③ 의회는 대통령선거에 눈이 멀어 정부 정책에 딴죽걸기만 일삼았다.
④ 노조와 시민단체들은 노동자권익을 주장하며 부실기업 정리를 가로막았다.
⑤ 국제투기자본들이 여러 나라에 몰려다니며 국제금융시장에 심각한 불안을 가중시키고 있었다.

그러나 결정적인 문제는 대통령의 리더십이었다. 대통령이 최소한의 위기수습 능력을 발휘했더라도 국가부도위기 상황까지 가지는 않을 수 있었다. 사실 경제 분야의 대통령 리더십 문제는 노태우 정권부터 불거졌다. 소위 '경제가 민주화를 만났을 때' 생겨나는 정치적 민주화와 경제적 이해상충의 문제를 잘 조화시켜 나가야 하는 새로운 대통령 리더십을 만들어 나가는 것은 매우 어려운 일이었다.

경제가 잘 돌아갈 때는 대통령의 리더십이 신통찮아도 그럭저럭 넘어갈 수 있지만, 위기 상황에서는 결정적으로 영향을 주기 마련이다. 그런 면에서 김영삼의 리더십은 문제를 해결하기는커녕 한층 더 심화시켰던 셈이다.

김영삼은 무엇보다 사람 쓰는 것에 실패했다. 대통령이 경제를 몰라도 전문가를 잘 기용하고 믿고 맡기면 됐을텐데 그렇지도 못했다. 앞에서 보았듯이 경제사령탑을 7~8개월 만에 갈아 치우는 일을 반복했던 것이다.

집권 마지막 해가 시작되자마자 대기업들이 무더기로 도산하자 김영삼은 큰 충격을 받았다. 특히 한보그룹의 부도가 권력형 비리 사건으로 비화되면서 아들 김현철이 감옥에 가는 상황이 벌어지자 그는 냉정함을 잃었다. 급기야 부총리 강경식에게 "부도를 내지 마라."라고 지시했는데, 이는 대통령 스스로 한국경제의 국제신임도를 떨어뜨린 결정적인 계기였다. 실제로 부도가 난 기업에 대해서 부도처리를 못 하도록 막는 바람에 정부, 은행, 기업 모두 외국 투자자들로부터의 불신을 부채질한 셈이었다.

위기 막판의 깜짝 개각은 사태를 더욱 어렵게 만들었다. 뒤늦게 심각성을 깨달은 김영삼은 부총리 강경식을 경질하고 임창렬을 기용했는데, 이는 IMF와의 구제금융 협상에 혼란을 가중시켰다. 대통령이 위기를 풀어나가는 것은 고사하고 더 심각하게 악화시켰다.

경제가 벼랑 끝에 몰리자 김영삼 특유의 직관적 돌파력과 리더십은 완전히 마비되고 만다. 사실 김영삼은 IMF의 구제금융이 어떤 것인지도 잘 몰랐다. 누굴 어떻게 기용해야 할지, 누구의 말을 믿어야 할지, 무슨 정책을 펴야 할지에 대한 주견이 없었다. 결국 고장 난 리더십이 위기로 몰고 갔던 것이다.

경제 관료, 그리고 정치판의 책임

외환위기의 책임에 순서를 매긴다면 당연히 대통령이 첫 번째겠지만 어찌 혼자만의 책임이겠는가. 더구나 김영삼이 원래 경제를 모르는 정치인이었다는 점에서 부총리를 비롯한 경제 관료들의 책임 또한 간과할 수 없다.

경제 상황을 제대로 파악하지 못한 것은 전문가를 자처해온 경제 관료도 마찬가지였다. 정부의 핵심 관료들도 당시의 실상이 얼마나 심각한지, 금융의 현실이 어떻게 돌아가는지에 대해 정확한 이해가 없었다. 특히 국제금융시장에서 투기 자금이 어떻게 요동치고, 그 여파가 한국경제에 어떤 파장을 몰고 올 것인지를 미처 알지 못했다.

개방 정책의 일환으로 종금사들한테까지 단기외채 도입을 허용해 놓고, 그 규모가 얼마나 되는지 아무도 챙기지 않았다.

외국 기자들의 질문에 어떻게 대응해야 하는지도 몰랐고, 한국 정부의 입장을 영어로 전달할 수 있는 대변인도 없었다. 전문가임을 자처했던 경제 관료들 역시 우물 안의 개구리였다.

1997년 1월, 부도가 터지기 시작한 위기상황에서 구원투수로 등장한 부총리 강경식이 위기의 심각성을 외치면서 선택한 정책은 강력한 금융개혁이었다. 은행 감독체계를 비롯해 금융질서를 쇄신하는 근본적인 구조를 개혁해야 한국경제가 위기를 극복하고 새로운 활로를 찾을 수 있다고 역설했다. 금융개혁을 실천하는 법을 만들면, 외국투자가들도 한국경제를 믿고 돈을 빼가지 않을 것이라고 믿었다. 그러나 이러한 시도는 집안 싸움만 초래했다. 금융개혁의 핵심과제 중 하나가 중앙은행(한국은행)이 관장하는 은행 감독권을 정부(재정경제부)로 옮기는 것이었는데, 이에 중앙은행이 강력하게 반발했던 것이다. 위기 대처를 위해 정부와 중앙은행이 서로 힘을 합쳐도 시원찮을 판국에 대립과 반목으로 이전투구에 여념이 없었다. 응급환자를 눕혀 놓고서 의사들끼리 서로 옳다며 멱살잡이를 벌이는 격이었다.

한편 대통령 선거를 앞둔 정치판의 책임은 어떻게 평가해야 할까. 국회의원을 포함한 정치인들은 한마디로 경제가 어떻게 되든 관심이 없었다. 위기가 어떻게 전개되든 당면한 대통령 선거에만 혈안이 되어 있었다.

야당은 노조의 표를 의식한 나머지 정부의 부실기업 정리에 노골적으로 제동을 걸었다. 기아 그룹의 부도 처리가 늦어지는 과정도 정치권의 압력이 결정적으로 작용했다. '기아는 국민기업'임을 내세우며 정부의 구조조정에 노조가 반대 시위를 벌이자, 국회의원들은 경쟁적으로 지지하고 나섰다. 야당의 김대중 후보는 물론, 여당의 이회창 후보도 생산 현장을 찾아가 노조를 격려했다. 오로지 표에만 정신이 쏠려 있었다. 정부가 추진하는 금융개혁법안 처리도 여야를 가릴 것 없이 표를 의식한 나머지 시간을 끌다가 결국 무산시켰다.

IMF 구제금융 신청이 확정되자, 김대중 후보는 선거 운동 중 "내가 집권하면 IMF 구제금융 조건을 재협상하겠다."라며 정부를 비난했는데, 이 말 한마디가 엄청난 파장을 일으켰다. 당장 IMF가 발끈하고 나서자, 정부는 '재협상은 있을 수 없다.'고 해명하느라 진땀을 뺐다. 여론조사에서 지지도가 폭락하자 김대중 후보가 황급히 발언을 취소하는 해프닝도 벌어졌다. 외환위기 상황이 공교롭게도 최대의 정치행사인 대통령 선거와 겹쳤다는 점이 불행한 일이었다.

돌이켜 보면 국가부도위기가 처음은 아니었다. 1970년을 전후로 차관기업들이 무리하게 사업을 벌이다가 무더기로 빚더미에 올랐을 때 사채동결조치로 위기를 넘긴 일이 있었고, 이후 중화학공업 과잉투자와 석유파동, 대통령 암살 등이 겹쳐 1980년에 또 한 차례의 큰 위기에 몰렸었다. 그러나 모두

독재정치 시대에 일어났던 상황이었고, 위기 대처 또한 대통령의 강력한 리더십으로 일사불란하게 피해를 최소화할 수 있었다. 부작용이나 반대가 있더라도 방향을 정해 놓고서 밀어붙이는 것이 가능했던 시절이었다. 그런 뜻에서 1997년 외환위기는 종래 개발연대식의 대처가 애당초 불가능했다. 박정희와 전두환이 풀었던 위기해법 방정식보다 김영삼이 풀어야 했던 방정식은 훨씬 어렵고 복잡했다.

위기를 극복하고 복지를 말하다, 김대중 시대

박정희의 평생 라이벌

김대중은 대통령이 되기 전부터 한국경제에 큰 영향을 끼쳤다. 박정희 시대에 추진된 산업화 과정에서 김대중은 박정희를 줄기차게 비판했던 대표적인 정치인이었다. 그는 박정희의 평생 라이벌로서 정치뿐 아니라 경제에도 끊임없이 박정희 정권에 맞서왔던 것이다.

한국의 거물 정치인 중에서 김대중처럼 일찍이 경제전문가로 이름을 날린 사람은 없었다. 그는 1970년대 초부터 '대중경제론'이라는 용어를 처음 쓰면서 자신의 경제관을 분명히 했던 정치인이다. 박정희가 산으로 가면 바다로 가야 한다고 맞섰다. 박정희가 공장을 많이 지어 수출에 전력을 기울이는 정책에 올인해야 한다고 하면, 김대중은 농업을 육성하고 내수 시장을 살려야 한다고 주장했다. 정부가 외자도입을 과감하게 늘려서 공장 짓는 것에 대해 '외채망국론'이라며 신랄하게 비판했고, 대기업 위주의 성장 정책을 두고 정경유착이 난무하는 '재벌 공화국'이라고 공격했다. 노사문제에서는 늘 노동자 편에서 섰으며, 경부고속도로 건설 때는 "농사짓는 땅을 없애고 부자만을 위한 길을 만든다."라며 반대 시위에 앞장섰다.

박정희와 김대중을 비교하는 수많은 사례와 기준이 있지만, 가장 근본적인 것은 경제와 민주주의의 관계에 관한 것이다. 박정희는 한국의 경제현실로 볼 때 민주주의 발전이 늦어진다고 해도 경제부터 먼저 살려야 한다고 생각했던 반면, 김대중은 오히려 민주주의를 제대로 하는 것이 경제발전에 도움이 된다고 봤다. 경제 정책면에서 박정희는 불균형 성장 정책을 선택했던 반면, 김대중은 균형성장의 당위성을 역설했다.

그간의 한국경제 발전과정을 돌이켜 보면 박정희 경제와 김대중 경제의 승부는 박정희 경제의 승리로 판명이 난 셈이다. 그러나 김대중의 경제관을 단순하게 폄하할 수는 없다. 어떤 경제 정책도 100% 옳은 선택은 없기 때문에, 김대중의 집요한 비판은 박정희 경제에 매우 중요한 견제와 비판적 역할을 해 왔다는 점에 주목해야 한다. 김대중의 주장을 요약하면 다음과 같다.

① 박정희 독재정권은 한국경제를 심각한 위기로 몰아가고 있다.
② 따라서 독재정권을 몰아내고 대중 민주주의 체제 확립이 선행되어야 한다.
③ 구체적 대안으로 작은 정부를 지향하고, 이중곡가제도를 도입해 농민 소득을 올리며, 공정거래 확립을 통해 재벌 폐해를 막아야 한다.

이와 같은 주장으로 김대중은 많은 사람의 지지를 받았으며, 비록 1971년의 대통령 선거에서 패하였지만 박정희 후보와 박빙의 승부를 벌이기도 했다.

대중경제론은 원래 박현채 등 당시의 진보 성향의 경제학자들이 김대중의 이름으로 쓴 책인데, 김대중은 이를 자신의 생각으로 잘 소화해서 효과적으로 활용했다. 그 핵심을 정리하면 다음과 같다.

① 자본주의와 사회주의의 단점을 배제하는 한국형 혼합경제체제를 지향한다.

② 대외의존적인 경제를 청산하고 자립경제의 기초를 닦는다.

③ 공업화는 내수 시장에 초점을 맞추고 수출은 보완적이어야 한다.

④ 농업발전을 공업발전에 앞서 최우선으로 한다.

⑤ 노동자의 경영 참여를 보장한다.

대중경제론의 시각에서 보면 박정희 경제는 한마디로 개발독재형 관치경제였다. 군부독재 정권이 수출증대를 통한 경제성장에만 매달리는 나머지 대기업 특혜를 비롯한 부패경제를 초래했고, 분배 정책을 외면한 채 노동자들을 착취했다고 본 것이다.

민주주의와 서민들의 상대적 빈곤 문제를 내세우며 성장정책의 부작용과 그늘을 공격하는 김대중의 날카로운 비판은 정치적으로 큰 지지를 얻었다. 1970년을 전후로 박정희 경제가 집권 이후 가장 어려운 지경에 빠져들었고 차관기업들의 부실이 심각해지자, 김대중의 주장은 더욱 설득력이 높아졌다. 박정희는 비록 대통령 선거에는 이겼으나, 대통령 선거 이듬해부터 추곡수매제도를 대폭 강화하는 등 김대중의 주장을 과감하게 받아들이기도 했다.

주목해야 할 것은 김대중의 대중경제론이 같은 주장을 되풀이한 것이 아니라, 시대에 따라 수정되었다는 점이다. 김대중의 주장은 박정희 경제를 비판·견제하는 역할은 했으나, 실제로 너무 이상적이거나, 비판을 위한 비판, 또는 정치적 의도가 지나치게 담긴 내용 등이 많았다. 더구나 대중경제론대로라면 한국경제는 벌써 망했어야 했다. 그러나 도리어 한국경제는 대단한 성공으로 세계적 평가를 받게 됐으니, 대중경제론도 고쳐 써야 했다. 새로 고쳐 쓴 책에서는 수출이 한국경제의 젖줄임을 인정했고, 외채 망국론 같은 것은 더 이상 주장하지 않았다.

아무튼 김대중은 대통령이 되기 전에도 야당의 막강한 지도자로서 한국경제의 발전 과정에 이미 상당한 영향을 끼쳤다. 그런 그가 낙선을 거듭하다가 대통령이 된 것은 공교롭게도 한국경제가 초유의 외환위기 사태를 맞으면서였다. 위기에 처한 국가경제를 구출해야 할 소임이 그에게 맡겨진 셈이었다.

IMF의 경제신탁통치

1997년 10월에 접어들면서 한국경제는 빠른 속도로 패닉상태에 빠졌다. 선거에서 누가 대통령으로 당선되든 한국경제는 벼랑 끝에 몰린 나머지, 국제금융시장에서 급전을 구하려 다니느라 목을 매고 있던 판이었다.

결국 창피를 무릅쓰고 IMF에 구제금융을 신청하는 수밖에 없었다. 문제는 필요한 돈을 빌릴 수 있느냐의 여부였다. 돈을 빌릴 수 없으면 나라가 부도날 판이었다. 마치 자금난에 빠져 은행에 구제금융을 애걸하는 부실기업 신세와 똑같았다. 산소마스크를 쓴 중환자에 비유되기도 했다.

대통령 선거를 치르던 1997년 12월 18일의 외환보유고는 39억 4,000만 달러였다. 외환보유액이 바닥나는 것은 시간문제였고, 그해 연말까지의 정부 전망치는 최저 마이너스 6억 달러 ~ 최고 9억 달러로 되어 있었다.

IMF의 구제금융을 한 시라도 서둘러 받아내야 부도를 면할 수 있는 상황이었으나 공짜는 없었다. IMF는 한국 정부가 강력한 구조조정과 긴축 정책을 이행해야 돈을 주겠다는 입장을 고수했다. 이에 김영삼 정부는 그들이 제시한 요구조건을 전면 수용하겠다고 다짐했다. 그런데도 IMF는 선뜻 돈을 주지 않았다. 새 대통령이 집권하면 말을 바꿀지 모르니 선거를 앞둔 대통령 후보 3명(이회창, 김대중, 이인제)이 김영삼 정부의 약속을 계승하겠다는 각서를 쓰라는 것이었다. 결국 김대중을 비롯한 3명의 후보는 각서를 썼다.

이제 IMF의 '경제신탁통치'가 시작됐다. 한국정부는 독립적으로 정책을 펴는 것이 아니라, 각서에 쓴 대로 IMF가 요구하는 기준에 따라야 했다. 마치 해방 직후 미군정 시대나 이승만 정권이 초기에 미국의 지시와 조언에 따라야 했던 상황이 다시 재연된 셈이다. IMF는 돈을 빌려주는 대신 혹독한 구조조정을 요구하면서 김대중 정부에게 시작부터 시련을 안겨줬다. IMF는 당장 금리를 대폭 올리고, 부실기업과 부실 은행은 문을 닫으라고 요구했다. 이때 은행간 콜금리가 30%를 기록하는가 하면, 500%에 달하던 대기업들의 부채비율을 1년 안에 200%로 낮추는 정책이 밀어붙여졌다. 은행도 BIS자기자본비율을 8% 이상으로 맞춰야 했다.

은행이 부도를 내다니, 초유의 일이었다. 하지만 IMF와의 약속은 곧 지상과제였고, 달리 방도가 없었다. 재계는 모두가 망한다며 비명을 질렀지만, 그전처럼 부탁할 곳도 없고 그럴 수도 없었다. IMF는 실무단장을 서울에 상주시키면서 한국 정부가 자기들과 약속한 내용을 제대로 이행하는지 하루하루 감시하며 챙겼다. 구제금융(당시 80억 달러)을 받으려면 그에 상응하는 조치를 이행하라는 것이며, 싫으면 그만두라는 식이었다.

그동안 불문율로 여겨 왔던 '대마불사(大馬不死)', '은행 불멸'이라는 말은 더 이상 통하지 않았다. 재계 4위 대우그룹, 7위 기아그룹 등 30대 대기업 그룹 중 15개가 무너졌다. 금융시장의 핵이었던 상업은행, 한일은행, 조흥은행, 제일은행, 서울신탁은행 등 5개 시중은행도 모두 간판을 내렸으며, 단기금융회사들도 무더기로 문을 닫았다.

개방 정책도 과감하게 추진됐다. 그동안 한국 정부가 미국의 요구에 완강하게 맞서면서 유지했던 각종 외국인 투자 규제와 국내 시장 보호 장치들을 이제 일거에 풀어야 했다. 외국 자본에 국내기업들이 먹힐까 봐 금지했던 규제들이 언제 그랬냐는 듯이 하루아침에 싹 사라졌다. 외환위기의 원인이 무엇이었든, 극복하는 과정에서의 대가는 가혹하리만치 비쌌다.

그 과정에서 부실기업 도산은 물론 흑자 도산 기업들도 무수했으며, 대기업과 은행들까지 새 주인이 들어섰다. 금융 시장은 세계 어느 나라에 못지않은 개방체제로 이행되었다. 한 나라의 경제가 IMF의 처방전에 따라 완전히 체질을 바꾼 셈이었다.

위기를 극복한 DJ 리더십

경제위기는 김대중의 대통령 당선을 도왔을 뿐 아니라, 그에게 리더십 발휘의 기회도 제공했다. 물론 금 모으기 운동 같이 국민적인 분발과 각고의 노력이 있었기에 외환위기 극복이 가능했지만, 김대중의 리더십이 큰 역할을 했던 점도 간과할 수 없다. 혼란과 위기 속의 김대중 리더십은 전임 대통령이었던 노태우와 김영삼에 비교해 특히 돋보였다.

온 국민은 대통령 당선자의 일거수일투족을 주시했다. 김대중은 당선 즉시 자신의 집에서 급박하게 돌아가는 경제 상황을 보고받으면서, 당선자 신분임에도 사실상의 대통령 노릇을 시작했다. 그는 취임 전의 '국민과의 대화'에서 이렇게 말했다.

> "금고 열쇠를 넘겨받아 열어 보니 1,000원짜리 한 장 없고, 빚 문서만 산더미처럼 쌓여 있었다. G7조차 약속했던 80억 달러를 못 주겠다고 한다. 외채 만기를 연장해 주지 않으면 당장에라도 모라토리엄(moratorium, 채무 불이행)으로 갈 수밖에 없다."

김대중은 훗날 자서전에서 "달러가 생긴다면 지구 끝까지라도 찾아가야 했다."라고 당시를 회고했다. 청와대 집무실에 들어가기도 전에, 당선자 신분이었던 66일 동안 이미 그는 사실상의 대통령으로서 IMF와의 협상을 지시하고 주도했다.

김대중이 당선되자 일부에서는 불안해 했다. 그동안의 주장과 노선을 감안할 때 '좌파적'인 정책을 펴지 않을까 하는 의구심이 있었기 때문이다. 미국과 IMF도 그런 점을 미심쩍어했다. 그러나 경제상황이 좌·우파를 가릴 처지가 아니었다.

김대중에게 당장 중요한 것은 자신이 주장한 '대중경제론'이 아니라 IMF와 미국의 신뢰를 얻는 일이었다.

IMF 뒤에는 미국이 있었다. 미국의 재무차관이 워싱턴에서 날아와 김대중 당선자를 만났다. 과연 구제금융을 해 줄 만한 지 저울질하기 위해서였다. 그 자리에서 김대중은 정리해고 등 노동 시장 개혁과 과감한 개방 정책 등을 골자로 한 대대적인 구조조정을 이행하겠다고 약속했다. 미국의 '면접시험'에 통과하기 위해서였다.

김대중은 벼랑 끝 상황에서도 노련하게 대처했다. 표를 얻기 위해 남발했던 선거 공약들 대신 위기 타개를 위한 현실적인 정책들을 하나하나 챙겼다. 우선 인사부터 예상을 깼다. 경제 분야는 선거 캠프 때부터 활약했던 측근들을 배제하고 전문 관료 위주로 내각을 구성했다. 측근이었던 김태동을 첫 경제수석에 기용했으나 불과 3개월 만에 경질하고 경제기획원 관료출신인 강봉균을 앉힌 것이 대표적인 예다. 기업과 은행의 부실 문제를 감당해야 할 금융위원장에는 적군 이회창 캠프의 경제참모였던 이헌재를 앉히고 전권을 일임한 것도 전혀 뜻밖이었다. 이헌재는 비록 적진의 참모였으나 김대중의 신임 속에 재정경제부 장관까지 하며 재벌 개혁과 은행 개혁을 강력히 밀어붙일 수 있었다.

김대중은 북한 문제에 관련해 때때로 미국과 대립하기도

했으나, 경제 문제만큼은 미국 입장을 적극적으로 수용했다. 구제금융 지원을 해주는 IMF의 요구 사항이 곧 미국의 요구 사항이라는 점을 잘 알고 있었다.

김대중 정권은 악전고투 끝에 165조 원의 공적자금을 투입하면서 1년 6개월 만에 빌린 빚을 청산하고 IMF의 간섭과 통제로부터 벗어날 수 있었다.

강요된 개혁, 개방

한국경제는 외환위기를 계기로 김대중 정권 하에서 여러 가지 개혁을 이뤘다. 그러나 김대중이 의도한 개혁이었을까. 그렇지는 않다. 이 개혁은 김대중의 개혁이라기보다는 IMF 개혁이라 부르는 게 옳다. 자존심이 상하는 부분이지만 한국 정부의 개혁 의지가 아니라, IMF의 강력한 압력이 변화에 결정적인 개혁의 엔진 역할을 했기 때문이다.

이는 일본의 과거와 흡사했다. 제2차 세계대전 직후 맥아더 사령부가 패전국 일본의 과거를 해체하고 변화와 개혁의 판을 다시 짰던 형국과 비슷한 점이 많았다. IMF가 구제금융만 해주고 개혁을 요구하지 않았다면, 김대중 정부는 어떤 정책을 폈을까. 30대 재벌의 절반이 무너지고 5개 시중은행이 모조리 간판을 내리는 사태가 벌어졌을까. 그런 일은 결코 일어나지 않았을 것이다. 과거 어떤 위기에 처했을 때도 그처럼 충격적인 개혁을 우리 스스로 시도한 일은 없었다. 재벌개혁이든 은행개혁이든 훨씬 온건하게 진행되었을 것이다. 특히 개방 정책은 분명 비교가 안 될 정도로 소극적으로 진행했을지도 모른다.

경제성장률이 마이너스(1988년 -5.7%)로 떨어지는 상황에서 무자비한 초강력 긴축 정책을 밀어붙이는 것은 외압이 아니고서는 불가능한 일이었다. 더욱이 지방은행 하나도 부도를 내본 적 없는 한국 정부가 시중은행 간판을 내리게 한다는 것은 꿈도 못 꿀 일이었다. 결국 IMF가 강요한 구조조정이었기에 피를 철철 흘려가면서도 엄청난 대수술을 감행할 수 있었다.

어쨌거나 재벌개혁, 금융개혁, 정부개혁, 노동개혁 등 4대개혁을 내걸고 김대중은 IMF의 약속을 실천에 옮겼으나 부문마다 사정이 달랐다. 개혁은 주로 재벌과 금융기관에 집중됐다. 가장 두드러진 변화는 관치금융 속에 뿌리내렸던 권력과 재계의 유착관계가 더 이상 통하지 않게 됐다는 것이다. 정부가 지원하는 사업이라고 거래 은행이 눈감아주고, 국회의원이 압력을 넣는다고 계속 대출을 해주는 일이 근절되었다. 빌린 돈을 제때 갚지 못하는 기업은 부도처리를 당해야 했고, 은행도 자기자본이 일정기준(BIS 8%) 미만이면 문을 닫아야 했다.

지금까지 한국경제가 이렇게 원칙대로 해 온 일은 없었다.

뭐니 뭐니 해도 기업들이 빚으로 사업을 마구 벌이는 '차입경영' 습관이 뿌리째 뽑혔고, 은행들의 전당포식 낡은 금융관행이 크게 변하였다. 500%에 달하던 대기업 부채비율이 100%로 급격히 줄었는가 하면, 은행에 대한 정부의 지나친 간섭도 확 줄었다. 불신의 대상이었던 한국기업들은 회계장부 작성을 국제기준으로 끌어올렸고, 감시감독 제도가 강화되면서 경영의 투명성이 현저하게 높아졌다. 외국인들이 은행을 비롯하여 땅과 주식도 마음대로 살 수 있게 됐다. 이처럼 외국인투자가 보편화되면서 기업의 투명성 문제는 좋든 싫든 개선될 수밖에 없었다.

한국경제는 1997년의 국가부도 위기를 계기로 글로벌 체제로 빠르게 변했다. 꼭 10년 전인 1987년, 권위주의 통치 시대가 막을 내리고 민주화 시대에 맞이했던 경제민주화 열풍도 대단했지만, IMF가 몰고 온 개혁과 개방의 회오리와 비교하면 별 게 아니었다. 그동안 시장경제라는 뜻은 국내의 자유경쟁과 공정경쟁을 의미했지만, 이젠 세계의 큰손들이 자유롭게 들락거리는 글로벌 시장에서의 무한 경쟁으로 뜻이 바뀌었다. 한국경제의 판 자체가 완전히 바뀐 것이다.

한편, IMF 요구를 수용할 수밖에 없었던 상황에서 김대중의 지론이었던 대중경제론은 어떻게 된 것일까. 그는 IMF에

시종일관 끌려다니기만 한 것인가. 개혁의 주도권이 IMF에 있었으나, 그 내용이 김대중의 경제철학과 소신에 꼭 배치되는 것은 아니었다. 우선 대중경제론 자체가 그동안 변해왔지만, 김대중의 생각이 대통령이 되고 나서는 많이 달라졌다. 더구나 자신이 늘 주장하던 것이 관치금융 폐지와 재벌 규제, 자유로운 시장경제였는데, 이는 IMF가 한국 정부에 강력하게 요구하는 개혁의 핵심과 일치했다. 그러고 보면 김대중의 개혁의지를 뜻하지 않게 IMF가 대신 비난을 무릅쓰고 실현시켜 준 셈이기도 했다.

위기 극복의 비싼 대가

국가부도 위기를 겪으면서 한국기업들은 한결 강해졌다. 나락으로 추락하던 한국경제는 담금질한 쇠가 더 강해지듯이 위기를 교훈 삼아 한 단계 더 도약한 것이다.

그러나 그 대가는 비쌌다. IMF의 강력한 긴축 정책은 옥석(玉石)을 가릴 재량권을 허락하지 않았다. 아무리 한국기업들이 신용을 잃었기로서니 은행 대출 금리를 30~40%까지 올리는 것은 너무 가혹했다. 기업은 부채비율을 200% 밑으로 끌어내려야 했고, 은행은 건전성 여부를 BIS자기자본비율 8%에 맞췄다. 기업한테 잘못 대출해주면 은행도 망한다는 원칙이 실천에 옮겨졌다. 부실기업 정리에 멀쩡한 기업들까지 휩쓸려 도맷값으로 넘어갔다. 실업자가 길거리로 쏟아져 나왔고, 은행 도산도 속출했다. 흑자 도산하는 기업들을 외국인들이 헐값에 사들였다. 과거에 없었던 일이다.

빈부 격차는 언제나 있어왔던 것이나, 위기에서 살아남은 자와 그렇지 못한 자 사이의 격차는 더 벌어졌고, 양극화 심화라는 새로운 화두가 심각한 정치사회적 문제로 대두되기 시작했다.

아무리 개방을 과감히 한다 해도 은행이 외국자본에 넘어간다는 것은 국민정서상 있을 수 없는 일이었다. 그러나 바로그 '있을 수 없는 일'이 눈앞의 현실로 연속적으로 벌어졌다. 경영권이 누구한테 가느냐를 따질 처지가 되지 못했다. 당장 부실은행 도산을 막고 경제를 패닉에서 시급히 구출해 내기 위해서는 오히려 외국자본에 매달려서라도 국내은행을 사달라고 통사정해야 했다. 그토록 막아온 금융 산업의 벽이 외환위기 한방에 속절없이 와르르 무너져내렸다.

어수룩한 대처로 억울한 경우도 많아, 한때 한국은 국제금융시장에서 '봉'으로 통했다. 자금난에 봉착한 진로그룹 등 알짜기업들을 헐값에 사서 비싸게 판 골드만삭스 등 국제적인 증권회사들은 떼돈을 벌었고, 한미은행을 인수한 칼라일, 제일은행을 인수한 뉴 브리지 등의 사모펀드들도 엄청난 이익을 챙겼다. 맥킨지 같은 컨설팅 회사한테는 한국처럼 좋은 고객이 없었다. 한국 실정도 모르는 이들이 만든 영어보고서는 부르는 것이 값이었다. 한국 사람들은 신용을 잃어, 국제적인 컨설팅회사가 영어로 분석한 것이라야 믿어줬다. 그 바람에 한국기업들은 컨설팅 비용으로 몇십 억 ~ 몇백 억 원 씩 바가지를 쓰는 경우가 허다했다.

외국인 투자 규제가 왕창 풀리면서 한국기업의 소유구조가 하늘과 땅 차이로 달라졌다. 많은 기업들이 외국인에게 넘어갔다. 국민은행의 경우 이름만 국민은행이지, 외국인 지분이 한때 80%가 넘는 '비국민은행'이 됐다. 삼성전자와 포스코 등 소위 블루칩이라고 하는 우량기업들일수록 외국인 투자지분이 높아졌다. 60%가 넘는 것은 보통이 되어버렸다. 전매청의 후신인 담배인삼공사(KT&G)까지도 외국 사모펀드의 공격을 받아 하마터면 적대적 M&A를 당할 뻔했다. 그전 기준으로 보면 한국경제의 안방까지 외국인들에게 내준 셈이다. 위기극복의 엄청난 대가였던 동시에 스스로는 결코 해내지 못했을 개방 정책을 외압 덕분에 해치운 것이기도 했다.

비싼 대가를 치르면서 획득한 가장 소중한 소득은 투명성을 높이게 된 것이다. 외국인 투자가 한국기업의 주식을 경쟁적으로 사들인 것이 그 증거였다. 한국기업들의 경영이나 회계장부의 투명성이 그전과는 달리 글로벌 스탠더드로 업그레이드 된 것이다. 그전처럼 외국기업이냐 국내기업이냐를 따지는 것이 의미가 없어졌다. 한국경제가 드디어 글로벌 경제 체제 속으로 진입했음을 뜻하는 것이다.

한국기업이 만성적인 부채경영 시대에서 완전히 벗어난 것 또한 중요한 변화였다. 기업들은 이익이 나도 빚을 갚는 데 우선적으로 쓰거나, 만약의 경우를 대비해서 사내유보로 쌓았다. 빚내서 사업을 벌이다가 혼이 났던 반작용이었다. 400%가 넘던 기업 부채비율은 100% 미만으로 떨어졌다. 기업이 투자에 너무 소극적이어서 걱정거리로 등장하는 세상으로 바뀐 것이다.

고장 난 노사정위원회

IMF가 요구했던 개혁 프로그램 중 김대중에게 가장 난처했던 것은 노동 문제였다. 지금까지 그는 노동자의 권익 신장에 누구보다 앞장섰지만, 막상 대통령으로 정권을 잡고 보니 역사상 가장 심각한 대량실업 사태에 직면하였다. 기업들이 무더기로 도산하면서 실업자들이 거리로 쏟아져 나오는 판국에 노동자의 권익 신장을 운운하는 것은 애당초 씨가 먹히지 않는 이야기였다. 오히려 김대중은 당선 직후 IMF가 요구하는 정리해고제 도입을 수용해야 했다.

노동계가 자신의 오랜 정치적 지지기반임에도 불구하고 김대중이 정리해고제 실시를 IMF에 약속한 것은 어쩔 수 없는 선택이었다. 김대중은 일찍이 노동자 편임을 자처해 왔고, 선거기간 중에도 자신이 대통령이 되면 노동자의 권익 신장을 위한 정책을 강화하겠다고 다짐했었다. 그 모습이 박정희와 전두환 경제를 공격했던 김대중 경제의 상징적 이미지기도 했다.

그랬던 그가 대통령이 되고 보니 입장이 달라질 수밖에 없었다. 그는 외신 기자와의 회견을 통해 "내가 중시하는 것은 경쟁력"이라는 말로 외국인 투자자들을 안심시켰다. 경쟁력 강화를 위해 구조조정을 과감하게 추진해야 하고, 이 과정에서 어느 정도의 정리해고는 불가피하다는 점을 우회적으로 말한 것이다.

대량으로 정리해고가 실시된 대표적인 곳이 은행이었다. 정부의 공적자금을 지원받기 위해서는 정리해고를 받아들일 수밖에 없었다. 그러나 당시의 실업사태 원인이 정부의 정리해고 도입만은 아니었다. 기업이 살아남아야 정리해고도 있고 구조조정도 있는 법인데, 당시 상황은 사방에서 기업들이 통째로 망해가고 있었기 때문에 기본적으로 대량 실업이 쏟아져 나올 수밖에 없었다.

그러나 김대중은 IMF와의 약속도 중요했지만, 노동계에 대한 뿌리 깊은 관심과 애정에는 변함이 없었다. 비록 정리해고가 불가피하다는 입장을 취했으나, 그는 종래의 노동 정책을 정부의 일방적 주도가 아니라 '사회적 합의형태'로 바꿔나가야 한다고 생각했다. 그래서 만든 것이 '노사정위원회'다. 노동자, 기업, 정부가 얼굴을 마주하고 격의 없는 논의를 통해 현안들을 결정해 나가는, 이른바 사회적 합의기구를 만든 것이다.

김대중은 새 정부가 출범하기도 전에 노사정위원회를 출범시켰고, 초대 위원장에 자신의 측근인 한광옥을 앉혔다. 김대중 자신이 "노사정위원회는 나의 혼이 스며 있는 작품"이라고 말했듯이, 그는 심혈을 기울였다. 노사정위원회는 멤버 구성부터 예사롭지 않았다. 노사정위원회는 경제부총리, 노동부장관, 전국경제인연합회(전경련) 회장, 전국민주노동조합총연맹(민노총) 위원장, 한국노동조합총연맹(한노총) 위원장 등으로 구성된, 노동 정책에 관한 한 사실상 최고결정기관이었다. 노사정위원회는 노동 정책의 주무부서인 노동부의 상급부서가 된 셈이며, 노동문제뿐 아니라 복지 정책까지도 관장하는 총리급 특수 기구였다. 엄격히 따지면 정부조직법에도 없는 변칙기구였다.

그러나 심혈을 기울인 노사정위원회는 시작부터 삐걱거렸다. 정리해고제를 도입했다는 이유로 민노총이 회의 참석을 거부했기 때문이다. 노동자의 편임을 자처해 왔던 김대중은 자신이 대통령이 돼서 설득을 하면 노동계가 믿고 따라 줄 것으로 확신했으나 민노총은 끝내 등을 돌렸다. 당시 상황에 대한 심경을 김대중은 자서전에 자세히 기록하였다.

"정리해고 입법화는 이미 IMF와 합의한 것이었다. 또한 앞으로 전개될 구조조정을 위해서도 필요했다. 하지만 노동계는 요지부동이었다. 정리해고를 포함해 모든 현안을 협의할 수 있도록 노사정위원회를 만들자고 했지만 꿈쩍도 하지 않았다. 참으로 난감했다. …… 우리 경제의 실상을 정확하게 알리면 노동계도 이해해 줄 것으로 믿었다. …… 그런데 노동계의 저항은 완강했다. 그들의 처지를 이해하면서도 다른 한편으로는 야속한 생각도 들었다. 나는 노동자를 가장 잘 알고 있다고 감히 자부해 왔다."

이처럼 노사정위원회는 출범할 때의 위세가 민망할 정도로 정권 내내 회의 한번 제대로 열지 못했다. 그러나 노사정위원회의 실패에도 불구하고 김대중 시대의 노동 정책은 종래와 전혀 다른 국면으로 전개되었다. 노조는 약자이므로 정부와 사회가 노조의 불법행위에 대해서는 불가피성을 이해하고 공권력 발동을 가급적 억제해야 한다는 것이 김대중 경제의 기본 입장이었다. 공권력 발동 억제 지침은 민주화 이후의 노태우, 김영삼 정권에 비해서 크게 달라진 점이었다.

노조의 힘은 당연히 강해졌다. 민노총 위원장의 힘은 실제로 노동부 장관을 능가했다. 대통령조차 주무장관의 역할보다 민노총 위원장의 일거수일투족에 더 신경을 쓰는 형국이 되고 말았다.

김대중 정부가 의욕적으로 추진했던 공기업 개혁이 용두사미가 된 배경에는 노조의 반발이 결정적이었다. 김대중은 평소에 공기업의 비효율과 저생산성을 강력히 비판하면서 자신이 집권하면 반드시 민영화를 통해 경쟁원리를 도입시키겠다고 장담했었다. 공기업을 민영화해야 한다는 김대중의 소신은 오래전부터 '국영기업체들은 독재정권의 일부'라고 생각해왔기 때문이다. 그런데 막상 자신이 집권한 후 추진하던 민영화가 노조의 반발에 걸려 무산되리라고는 예상하지 못했던 것이다.

아무튼 그는 집권 내내 노동자 편에 서서 가장 많은 정책을 폈던 대통령이었다. 처음으로 노조의 정치활동을 공식적으로 인정했고, 오랫동안 논란의 대상이었던 민노총과 전교조를 합법화시켰으며, 공무원의 노조활동에 정당성을 부여했다.

그럼에도 대화와 타협의 장에 참여해달라는 김대중의 요청을 노조는 끝내 거부했다. 김대중은 노조에 대한 서운함이 쌓

여갔으나 이들을 공개적으로 비판하는 일은 없었다. 다만 재임기간 중 마지막 노동부 장관에 노조운동 준법을 강조하던 방용석을 기용함으로써 자신의 노조관에 변화가 왔음을 보여줬다.

복지제도의 틀을 놓다

김대중 경제의 트레이드마크는 역시 분배와 복지다. 드디어 대통령이 됐으니 자신의 주특기를 보여줄 기회를 만난 셈이다. 그러나 당장은 어쩔 도리가 없었다. 나라 곳간이 텅 비었고 기업이 줄도산하는 판에 분배와 복지를 논할 처지가 아니었다.

그러나 외환위기를 한숨 돌린 집권 2년째(1999년)부터, 김대중은 복지문제에 본격적으로 관심을 기울였다. 그는 복지노동수석자리를 따로 만들어 노동경제학자 출신 김유배를 앉히는 한편, 청와대가 나서서 복지제도 확충을 위한 기본 정책 방향을 만들라고 지시했다. 여기서 김대중 정부의 '생산적 복지 정책'의 기본 골격이 만들어졌다.

원래 '생산적 복지'라는 용어를 처음 쓴 것은 김영삼 정권 때부터였으나 흐지부지되었고, 본격적으로 빛을 보게 된 것은 김대중 정권 때였다. '기초생활은 국가가 보장해 주되, 복지 정책의 근간은 일자리 창출'이라는 개념을 정립한 것이다. 이때 확정된 생산적 복지라는 개념 속에는 "높은 실업률을 유발할 수 있는 유럽식 복지 정책을 경계해야 한다."라는 뜻이 함축되어 있었다. 김대중 자신도 "유럽의 실패에서 교훈을 얻어야 한다."라고 말했다.

그러나 김대중은 '유럽식 복지냐, 미국식 복지냐.'를 논하기 전에 최소한의 기초생활을 정부가 보장해 주는 것부터 서둘러야 한다고 판단했다. 당시 생활보호법이라는 제도가 있었지만 여러 조건이 붙어 사회안전망으로서 한계가 있었다. 김대중이 새롭게 도입하려던 '기초생활보장제도'에는 절대빈곤 세대가 근로능력이 있든 없든, 또 나이에 관계없이 최저생계비를 국가가 보장해 주자는 것이었다.

기초생활보상제도는 처음부터 김대중이 주도한 것은 아니었다. 1998년 7월, 참여연대, 민노총 등 19개 시민단체가 기초생활보장법을 위한 국민청원을 국회에 내면서부터 이슈화된 것이다. 이 제도는 소득이 없는 4인 가구에 매달 93만 원씩(매년 물가를 감안해 인상) 지급하자는 것이 골자였다. 시민단체의 건의에 대해 경제 관료들은 재정 부담을 이유로 반대했으나 김대중은 즉각 수용했다. 2000년 10월부터 실시된 기초생활보장제는, 시민단체가 주요 정책 입안부터 입법과정과 실시에 이르기까지 직접 개입한 성공 케이스였다. 제도 실시로 국가로부터 생계비를 지원받은 빈곤층은 1999년의 54만 명에서 2002년에는 3배가 넘는 139만 명으로 증가했다. 기초생활보장제의 실시 덕분이었다.

이처럼 시민단체가 주도하고 대통령의 결단으로 실시한 기초생활보장제도를 두고 당시에는 사회주의적 발상이라는 비난과 반대도 많았다.

DJ 개혁의 고전

전임자 김영삼 못지않게 김대중도 '개혁'이라면 누구에게 뒤질 인물이 아니다. 실제로 김대중 정부는 여러 방면의 개혁을 이뤄냈다. 재벌개혁, 금융개혁을 비롯하여 복지에서도 김대중은 파격적인 변화를 주도했다. 그러나 미진하고 실패한 개혁도 있었다. 대표적인 것이 노동 개혁, 정부 개혁이다.

김대중 정권의 노동개혁은 노동자의 권익 신장 역사에 한 획을 그었다고 평가할 정도로 법적으로나 현실적으로 노조의 위상을 강화시켰다. 그러나 노동개혁의 핵심이 노동시장의 유연성을 높이는 문제였다는 차원에서 보면 김대중의 노동개혁은 실패였다. IMF의 요구에 부응해서 정리해고제를 실시하긴 했으나, 노동시장의 뿌리 깊은 경직성은 전혀 개선되지 못했다. 노사정위원회의 실패에서 보았듯이 정부나 기업이 아무리 대화와 타협을 제안해도 노동계가 참여를 거부하는 상황이 집권 내내 연출되었던 것이다. 오히려 정부가 스스로 공권력 발동을 무력화시키는 바람에 민노총을 비롯한 강성 노조들의 입지만 키워 준 셈이었다. 이른바 '귀족 노조'의 집단 이기주의에 정부가 휘둘린 것이 바로 김대중의 노동 정책에서 비롯된 것이다.

정부조직 개편과 공기업 개혁도 용두사미(龍頭蛇尾)가 되고 말았다. 원래 김대중의 머릿속에 각인된 '정부'는 독재 권력과 재벌이익에 치우친 '나쁜 정부'였다. 따라서 자신이 대통령이 되면 이것을 '좋은 정부'로 바꿔보고 싶었다. 야당시절 김대중이 비효율과 부조리의 온상처럼 공격하던 공기업 개혁도 마찬가지였다. 기획예산위원장 진념은 대통령의 전폭적인 신임을 바탕으로 '작지만 효율적인 정부'를 지향하는 직제개편과 대대적인 공기업 민영화 계획을 추진했다. 그러나 개혁의 적은 내부에 있었다. 애써 만든 직제 개편안은 공동정권의 파트너인 자유민주연합(자민련)의 총재 김종필이 반대하는 바람에 누더기가 되었고, 민영화를 골자로 한 공기업 개혁은 노조들의 반발에 부딪혀 좌절을 겪어야 했던 것이다.

진념이 주도한 공기업 개혁은 초기에 상당한 진전을 보였고, 실제로 포항제철, 한국중공업, 국정교과서 등의 많은 공기업이 이때 민영화됐다. 그러나 일은 갈수록 꼬였다. 민영화와 통폐합을 통해 경영 혁신을 도모하는 것이 개혁의 핵심이었는데, 노조와 정치권이 가만있을 리 없었다. 더구나 정부가 스스로 개혁을 수포로 돌린 마당에, 그 밑의 공기업에만 개혁을 요구할 수는 없었다. 정치권이 공기업 노조를 편들었고, 노조뿐 아니라 임원들까지 기득권 지키기에 가세했다. 그 결과로 오늘날 '공기업은 근무가 편하고 신분보장과 대우가 좋다는 의미로 신이 내린 직장'이라는 별명이 붙여진 것이다.

김대중에게 가장 속상했던 개혁은 '의약분업'이라는 의료 분야 개혁이었다. 의료분야의 개혁은 김대중 정부가 전혀 예상치 못한 방향으로 흘러갔다. 의약분업안을 발표하고 나서 무려 2년 3개월 동안이나 '의료대란'을 겪으면서 온 나라가 혼란에 빠졌다. 의약분업이란 항생제 같은 약은 의사 처방전이 있어야 살 수 있도록 하고, 그 대신 약은 약국에서만 팔도록 하는 것이 골자다. 김대중 정부는 "그런 일쯤이야." 하고 쉽게 보고 추진했다가 혼쭐이 난 것이다. 의사와 약사, 그리고 병원 사이의 고질적인 이해관계와 의료보험제도의 왜곡까지 복잡하게 뒤얽혀 있는 해묵은 골칫거리를 소홀히 봤던 것이다. 정부의 중재 노력에도 불구하고 의사와 약사가 번갈아 파업하자 김대중 정부는 연일 언론으로부터 질타를 당했다. IMF 위기를 조기에 극복한 김대중 리더십도 의약분업 하나로 갖은 수모를 다 겪어야 했다. 개혁의 최대 장애는 독재 정치가 아니라 집단이기주의라는 사실을 새삼 깨달아야 했다.

IT산업 육성과 후유증

벼랑으로 추락하던 한국경제는 예상보다 빠른 속도로 위기를 벗어났고, 고통스러운 구조조정을 감내하면서 그전보다 더 탄탄해졌다. 부실한 기업들은 망했으나 위기에 살아남은 기업들은 훨씬 강해졌다. 기업들은 빚을 줄이는 바람에 이자 부담이 덜해졌으며, 구조조정으로 인건비 부담도 줄어들어 이익이 많이 났고 사내유보금도 대폭 늘었다. 한국 기업들의 재무구조가 전에 없이 건전해졌다. IMF가 요구한 부채비율은 200% 이하였는데, 100% 이하로 떨어진 것이다. 그러나 다른 한편에서는 그토록 혼이 나고서도 또 다른 버블이 만들어지고 있었다.

경제란 구조조정을 했다고 해서 저절로 좋아지는 것이 아니지 않은가. 비만인 사람이 체중을 줄였다고 해서 바로 건강해지는 것이 아닌 것과 같은 이치다. 김대중 정부는 구조조정 작업이 어느 정도 자리를 잡아가자 경제에 새 살을 찌우기 위한 강력한 부양책을 펴기 시작했다. 국가적으로도 먹을거리를 제공할 새로운 산업을 찾아야 했는데, 인터넷을 중심으로 한 IT 산업이 그것이었다.

IT 산업은 운도 따랐다. 마침 미국을 중심으로 닷컴 비즈니스가 붐을 일으켰고, 국내 여건도 전두환 시대 이후 닦아 놓은 통신 산업 인프라가 잘 구축되어서 IT산업 육성 정책의 여건은 잘 조성되었다. 정부는 초고속 인터넷 통신망 구축 등을 비롯해 기업지원책을 적극적으로 늘렸고, 중소기업들을 대상으로 IT 창업 자금지원을 대폭 강화했다. 강남 테헤란로 일대가 한국의 실리콘밸리로 불렸던 것이 이때부터였다.

1999년 후반부터 소위 '벤처 창업'이 봇물처럼 터지자 언제 국가부도위기를 당했느냐는 듯이 한국경제는 순식간에 달아올랐다. 그해 연말 증권 시장의 종합주가지수는 1,000p를 돌파했고, 벤처기업들이 주식을 거래하는 코스닥을 모르면 촌놈이었다. '닷컴'이라는 이름만 붙었다 하면 주가는 천정부지로 치솟았다.

경기를 살린 것은 벤처회사들만이 아니었다. 정부는 얼어붙은 국내 소비를 부추기기 위해 신용카드를 적극적으로 권장했다. 현금 대신 카드를 사용하면 세금을 깎아주는 제도를 도입하는가 하면, 카드사의 현금서비스 한도도 철폐했다. 부동산 경기를 살리기 위해 아파트 전매금지를 비롯해 그동안 실시해온 규제란 규제도 죄다 풀었다.

금리도 빠른 속도로 내렸다. 이자부담 때문에 은행돈을 못쓴다거나 은행 문턱이 높다는 말도 사라졌다. 보통 연간 금리는 10%가 넘었는데 3~4% 대로 떨어진 것이다. '자기 돈으로 집을 사면 바보'라는 우스갯소리가 나돌 정도였다. 집값이 오르고 투기가 일더라도 하루빨리 경기를 살려 내는 것이 정부의 급선무였다.

이 같은 노력의 총집결을 통해 IMF 조기졸업을 박수갈채 속에 이뤄낼 수 있었던 것이다. 그러나 문제는 뒤탈이었다. 우선 2000년부터 미국의 닷컴 버블이 진정되자 곧바로 한국의 닷컴회사들에 영향을 미쳤다. 하늘 높은 줄 모르던 벤처기업들의 주가는 어느 날 갑자기 폭락세로 뒤집혔고, 테헤란로에 우후죽순처럼 들어섰던 중소 창업회사들은 여기저기서 무너졌다. 2001년 미국 9·11테러 사태까지 겹쳐 세계 경제가 하락하자, 결국 한국의 경제성장률은 1999년 10.7%까지 회복됐던 것이 2001년에는 4.0%로 떨어졌다.

신용카드 육성과 부동산 투기

신용카드 확대 정책도 심각한 부작용을 잉태하고 있었다. 카드 사용액에 대해 세금공제 혜택 제도를 실시한 것까지는 문제가 없었다. 사실 신용카드를 많이 사용토록 하는 것은 소비를 자극할 뿐 아니라 탈세방지책으로도 매우 효과적인 정책이었다. 그러나 카드사들의 과당경쟁이 화를 불렀고, 감독

당국은 팔짱을 끼고 방관했다. 살아나는 소비의 불씨가 꺼질까 봐 모른 척한 것이다. 카드사들은 소득이 없는 학생들을 상대로 길거리에서 배급하듯이 카드를 발급해줬고, 높은 이자의 급전을 카드론으로 빌려 주면서 이익을 챙겼다. 결국 대형 카드회사들이 부실에 빠지고 수많은 개인 신용불량자들이 나오게 되었다.

김대중에게는 경제위기 극복이 경제적으로나 정치적으로 매우 중요했다. 그러나 그는 IMF 졸업에 너무 집착한 나머지 과도한 부양책을 동원했고, 방법과 과정은 박정희와 전두환 시절의 강력한 정부주도 정책과 별로 다를 바 없었다. 더구나 고통스러운 수술은 서둘러 봉합해야 했다. 어렵사리 벌였던 구조조정이 수술시간을 당기느라 도중에 흐지부지되는 경우가 많았다. 겨울은 충분히 추워야 하는 법인데, 그렇지 못했던 것이다. 그 후유증은 고스란히 다음 정권으로 넘어갔다. 고삐 풀린 부동산 투기가 재연되고, 국가 위기를 몰고 올 뻔했던 신용카드 대란이 나타났던 것이다.

비주류 대통령, 노무현 시대

김대중 정권이 넘겨 준 짐

노무현이 대통령에 당선되던 2002년의 선거 때에도 경제 문제가 최대 이슈였다. 5년 전의 대통령 선거 당시에 비하면 경제가 크게 나아지긴 했으나, 외환위기의 충격이 워낙 컸기에 경제에 대한 걱정은 여전했다. 노무현은 외환위기 이후 회복되지 못한 일자리 문제와 소득 격차 해소를 위해 나름대로 과감한 개혁 정책을 준비하고 있었다.

그러나 경제 상황은 시작부터 호락호락하지 않았다. 새로운 정책을 펼칠 엄두도 내기 전에 발등에 떨어진 불부터 꺼야 했다. 앞에서 언급했듯이 김대중 정부가 경기 회복을 위해 취한 부양책의 후유증이 심각했던 것이다. 5년 전 외환위기 (1997년) 때는 기업들이 함부로 빚을 내서 무리하게 사업을 벌이다가 나라 경제 전체를 위기에 몰아넣었지만, 이번에는 개인들의 카드빚이 급속히 늘어나는 바람에 또 다른 금융 마비의 위험성에 빠져들고 있었다. 노무현은 집권 첫 1년 동안 이것의 뒤치다꺼리를 하느라 골치를 썩여야 했다.

노무현은 대통령에 당선되고 나서야 카드사태의 심각성을 알았고, 실태를 보고받고서 깜짝 놀랐다. 관련 통계가 당시 상황을 잘 설명해 준다. 1998년에 160만 명이었던 신용불량자 숫자는 2004년 4월에 382만 명에 달했다. 신용불량자의 67%가 카드빚을 진 사람들이었다. 경제인구 1명당 평균 5개의 카드를 소지했고, 신용카드 연체율은 10%를 넘었다. 높은 이자의 카드론으로 급전을 빌려 쓴 카드대출 연체까지 합치면 연체율은 30%를 넘었다.

결국 노무현 정부는 집권하자마자 생각지 못한 복병을 만난 셈이었다. 자칫 잘못 처리하다가는 제2의 금융위기 사태를 초래할 위험성이 도사리고 있었고, 신용불량자 처리는 경제논리만으로 처리하기도 어려운 문제였다.

다행히 노무현 정부는 큰 충격 없이 신용카드 대란을 수습했다. 정부 관료나 금융계 할 것 없이 1997년의 경험이 큰 도움이 됐다. 어떻게 대처해야 위기 확산을 막고 부작용을 최소화할 수 있는지 IMF 위기 때 체득했던 덕분이다. 신용카드 부실문제는 2004년 하반기에 가서야 겨우 수습할 수 있었다. 결국 전임 정권으로부터 물려받은 짐을 털어내는 데 초기 1년 6개월을 허비했던 셈이다.

부동산 투기도 예상치 못한 심각한 고민거리였다. 이것 또한 외환위기 극복 과정에서 부동산에 대한 각종 규제 조치를 죄다 풀어버린 가운데, 경기부양 조치를 썼기 때문에 결국 경기가 회복되는 과정에서 서울 지역의 아파트를 비롯한 부동산 가격이 폭등하는 현상이 벌어졌다. 아파트에 입주하지 않은 상태에서도 분양권을 팔 수 있도록 했고, 양도세를 면제해주는가 하면, 은행의 주택융자지원도 과감하게 늘려준 것이 시차를 두고 부동산 투기에 기름을 끼얹은 셈이 된 것이다.

이처럼 노무현은 경제여건 면에서는 '신용카드 대란'이라고 불리던 무더기 개인 신용불량 사태와 극심한 부동산투기 현상 속에 대통령 임기를 시작해야 했다. 다행히 미국과 유럽 국가들의 호황으로 국제경제 여건은 매우 좋았다.

좌향좌 참여정부

노무현 시대를 전임자 김대중 시대와 합쳐서 흔히들 '좌파 정권 10년'이라고 부른다. 두 대통령 시대를 좌파 정권이라고 하는 것은 주로 북한 정책과 경제 정책을 두고 하는 이야기다. 실제로 두 대통령은 유사한 점이 많았다.

우선 북한 정책을 살펴보면, 김대중의 '햇볕 정책'에 이어 노무현도 그에 못지않은 유화 정책을 폈다. 두 사람 모두 재임 중 평양을 방문해서 김정일과 정상회담을 했으며, 북한의 도발이나 위협을 걱정하기보다는 대화와 교류를 추진하는 쪽에 힘을 실었다.

또 경제 정책면에서도 다른 대통령들에 비해 노동자 이익을 강조하거나 분배에 역점을 두는 정책을 폈다. 노조나 시민단체가 시위를 벌일 때는 가급적 공권력을 쓰지 않았던 것도 비슷했다. 그러나 다른 점도 많았다.

김대중은 평생 박정희 정권을 비판했지만, 경제 정책면에서는 막상 박정희 시대의 큰 틀을 벗어나지 못한 것이 많았다. 인사도 대부분 박정희 시대 사람들을 그대로 중용했고, 정책의 흐름도 노동 분야를 제외하고는 별로 다르지 않았다.

경제운용 방식이나 재벌과의 관계 역시 박정희·전두환 시대와 같았다. 기본적으로 김대중 또한 기업들부터 정치자금을 받았던 구시대 대통령의 한 명이었다. 북한에 대해 햇볕 정책을 펴면서도 미국과의 우호관계가 얼마나 중요한지 잘 알고 있었다.

그러나 노무현은 달랐다. 김대중에 비해 박정희 비판의 강도가 훨씬 원색적이었고, 정책 내용도 한층 급진적이었다. 노무현은 여러모로 파격적이었다. 그는 "반미(反美)를 좀 하면 안 되는가."라는 발언도 했는데, 종래의 한국 대통령으로서는 상상도 못할 일이었다. 그는 '박정희 경제의 해체'를 공공연히 천명했다. "성장 없이는 복지도 없다."라는 기존의 슬로건을 "복지 없이는 성장도 없다."로 뒤집었다. 노사문제가 터지면 노동자 편임을 분명히 밝혔고, 대기업에 대해서는 노골적으로 각을 세웠다. 공기업 문제도 김대중은 민영화를 적극적으로 추진했으나, 노무현은 민영화에 훨씬 부정적이었고 실제로 제동을 걸었다.

'참여정부'라는 이름이 말해 주듯이 노무현 정부는 시민단체나 노조의 정책 참여를 적극적으로 유도했다. 자신을 도왔던 운동권 재야인사들을 과감하게 요직에 기용했으며, 말과 행동 또한 다른 대통령들과 달랐다. 대통령답지 않다는 비판에 아랑곳없이 기존의 권위주의적인 관행들을 주저 없이 깨뜨렸다.

언론과의 전쟁도 노무현 노선을 가장 선명하게 드러내는 것이었다. 다른 대통령들은 언론들과 가급적 우호적인 관계를 유지했는데, 노무현은 전혀 그렇게 하지 않았다. 오히려 언론의 비판이 부당하다고 판단하면 즉각 맞받아쳤다. 그는 주요 보수 언론들과 정면으로 맞서며 적대관계를 유지했던 반면, 군소 좌파 언론들과는 노골적으로 우호적 관계를 만들었다. 좌파 정권 10년이라고 하지만, 자세히 따져보면 김대중에 비해 노무현이 훨씬 좌파적이었다.

고용 없는 성장

노무현은 집권 첫해(2003년)를 정신없이 보냈다. 청와대 생활 자체가 매우 생소했을 뿐 아니라, 앞서 살펴봤던 것처럼 신용카드 문제 수습이 발등의 불이었다. 그런데다가 취임 2개월도 채 안 된 상태에서 화물연대 파업사태가 터졌다. 전국의 화물차량이 주요 고속도로를 막았고, 항만마다 수출상품 운송과 하역이 모두 중단되었다. 하루아침에 전국의 물류가 마비된 것이다. 노동자 문제라면 누구보다 자신 있다고 확신했던 노무현이었건만 사태를 수습하느라 혼이 났다.

노무현의 참여정부는 출범 당시 충분한 준비가 없었으며, 특히 경제 분야가 그랬다. 그의 주변에는 비판을 전문으로 하거나 운동권 사람들만 수두룩했지, 실제로 정책을 입안하고 책임지고 실행해 본 경험을 지닌 행정 전문가들은 드물었다. 물론 대선 과정에서 기존 보수 후보들과는 달리 서민 복지를 앞세웠고 성장보다는 분배에 무게를 두는 과감한 개혁을 약속했으나, 막상 국정을 책임지면서 이내 간단치 않음을 깨달았다. 오죽하면 노무현측은 재벌기업 싱크탱크인 삼성경제연구소를 소문나지 않게 찾아가서 코치를 받고, 그들이 만든 보고서를 경제운영의 참고서로 삼았겠는가.

그러나 노무현이 추구하는 국정 방향은 분명한 자기 색깔이 있었다. 그의 경제관은 비록 다듬어지지는 않았으나 몇 가지 점에서 명료했다. 무엇보다 박정희식 경제 정책이 빚어낸 불균형과 왜곡을 고치고 바로 잡는 것이 자신의 소명이라 생각했다. 요컨대 성장 일변도의 경제 정책을 분배와 복지 우선으로 바꿔야 한다는 것이다.

비록 김대중이 방향 전환의 물꼬를 트긴 했으나 노무현은 그것이 불충분했다고 생각했다. 따라서 본격적으로 서민과 노동자의 편에 서는 대통령이 필요한 시대가 왔고, 자신이야말로 소외와 차별의 서러움을 함께 경험하고 이해하는 첫 서민 대통령이 될 수 있다고 자부했던 것이다. 노무현은 성장이 다소 더디더라도 복지와 분배에 역점을 두겠다고 천명했다. 세상이 달라짐에 따라 복지 없이는 성장을 할 수 없다는 논리를 폈다. 경제참모들 사이에는 미국식 경제모델의 한계를 극복하기 위해서는 유럽식, 특히 네덜란드식 복지 모델을 벤치마킹해야 한다는 논의가 활발했다. 이것 또한 김대중 정부와 다른 점이었다.

그러나 집권 첫해인 2003년, 경제성적표가 나오자 노무현은 큰 충격을 받았다. 경제성장률은 3.1%를 기록했는데, 일자리는 3만 개 정도 줄어든 것으로 나타났기 때문이었다. 경제성장률도 2002년의 7%에 비해 크게 둔화된 것도 충격이었지만, 일자리의 절대 숫자까지 줄어든 것은 전혀 생각지도 못한 일이었다. "성장을 하는 데도 고용이 늘지 않는다."라는, 이른바 '고용 없는 성장'이 현실로 다가설 줄을 노무현은 미처 예상치 못했던 것이다.

이때부터 노무현은 선거 때 주장했던 것과는 근본적으로 궤를 달리하기 시작한다. 가장 중요한 과제는 복지 예산을 늘리는 게 아니라 일자리를 만들어 내는 것이며, 일자리 창출이야말로 가장 확실한 복지 정책이요, 이를 위해서는 성장이 전제되어야 한다는 평범한 경제 방정식을 비로소 확실히 인식하게 된 것이다. 그의 참모들은 당시를 다음과 같이 정리하고 있다.

"참여정부는 2003년 고용 없는 성장을 경험한 이래 노동 시장 정책을 '적극적 노동 시장 정책'으로 물꼬를 틀었다. 무조건적인 성장우선 방식도 안 되지만, 그렇다고 북유럽식 복지체제를 추구하다가 노동 시장이 지나치게 경직되는 것도 피하자는 것이다."

- 참여정부 국정브리핑 특별기획팀,

『노무현과 참여정부 경제 5년』, 137쪽

이듬해 초, 노무현은 자신이 주재한 경제지도자회의 석상에서 "매년 5%대 성장을 통해 2008년까지 200만 개의 일자리를 만들겠다."라고 다짐했다. 노무현이 집권 1년 만에 성장주의자로 바뀐 것일까? 그렇지는 않았다. 그는 기회가 있을 때마다 일자리 창출을 강조하면서도 단기 부양책은 가급적 피했다. 다만 대통령 당선 전후로 경제를 보는 눈이 크게 달라진 것이다. 가장 대표적인 것이 노사 문제에 대한 인식 변화였다.

노조 대통령이 노조와 등을 지다

노무현은 분명 노동자의 편이었다. 정치입문 전부터 인권변호사로서 상황이 어려운 노조를 열심히 도왔었고, 현대자동차 파업사태(김대중 정권 초기)에는 국회의원 신분으로 직접 현장에 뛰어들어 중재에 나섰다. 말이 중재였지 어디까지나 노조를 편들어 회사 측의 양보를 끌어냈다.

대통령이 되는 과정에서도 노조의 도움을 많이 받았다. 여기에 화답해서 노조 정책 개혁을 선거공약으로 내세웠고, 선거에 이긴 노무현은 약속을 즉각 실천에 옮겼다. 새 정부가 출범하기도 전인데 당선자 신분으로 이미 확정된 은행 합병을 반대하는 노조 관계자를 직접 찾아가서 격려하는 파격 행보도 마다하지 않았다. 민노총과 한노총을 방문한 자리에서는 다음과 같이 자신의 노조관을 분명하게 밝혔다.

"노동계보다 경제계가 힘이 세다. 앞으로 5년간 이 같은 힘의 불균형을 바로잡겠다. 노동자에게 불리하면 법과 원칙을 바꿔서라도 이를 바로 잡겠다."

대통령 취임 후 노동부 장관에게는 "노동부조차 경제계부터 생각하는 자세를 지녀서는 안 된다. 노동자의 목소리를 내달라."라고 당부했다. 이처럼 노무현은 노조에 대해 각별한 애정을 표출했다. 김진표 경제부총리는 노조 문제에 대한 기본 원칙을 '법과 원칙'이라고 했는데, 대통령은 정색을 하고 수정했다. "법과 원칙이 아니라 대화와 타협이 참여정부 노동정책의 기본원칙"임을 분명히 밝힌 것이다. 이로써 대화와 타협 우선 정책은 법과 원칙을 상당기간 무력화시켰다. 이것이 초래할 심각한 부작용에 대해서 노무현은 간단히 무시했다.

아무튼 대통령의 대화와 타협 우선 지침은 급기야 공권력마비 현상으로 이어졌다. 그럴 수밖에 없었다. 대통령은 장관들에게 "공권력은 함부로 발동해선 안 된다. 법을 어겼다고 노조 같은 사회적 약자들을 똑같이 불법으로 다스려서는 안 된다."라고 말했다. 노조는 한층 힘을 얻었고, 경찰의 공권력 집행은 일시에 움츠러들었다. 기업이 노조의 불법 시위를 신고해도 경찰이 움직이지 않는 현상이 이때부터 심해졌다.

참여정부의 노동 정책은 이정우 청와대 정책실장을 중심으로 구축했다. 유럽형 노사관계를 롤모델로 제시하는 한편, 노조의 경영 참여를 주장했다. 이점은 김대중 시대에 비교해서 훨씬 노조 쪽에 기운 입장이었다.

그러나 정권 출범 벽두부터 노조 문제가 걷잡을 수 없이 터져 나왔다. 전교조의 투쟁을 비롯해서 화물연대 파업, 조흥은행 파업, 철도 파업이 줄을 이었다. 가장 심했던 것이 화물연대 파업이었고, 결국 노조는 요구를 관철시켰다. 참여정부 스스로 내걸었던 대화와 타협의 결과였으나, 실제로는 대화도 타협도 없었다.

철도 파업도 마찬가지였다. 파업이 불법이냐 합법이냐를 따질 겨를도 없이 해고자 복직과 민영화 중단 등의 요구를 정부가 수용했다. 요구를 관철시킨 노조는 거침이 없었다. 화물연대도 철도 노조도 2차 파업에 돌입했고, 조흥은행 노조 파업도 정부의 확정된 정책을 거부했다. 참여정부는 어쩔 수 없이 '법과 원칙'을 꺼내 들 수밖에 없었다. 건설교통부는 급기야 철도청 노조간부 121명을 직위해제했다. 노무현은 대통령 취임 4개월이 지난 시점에서 말을 수정하지 않을 수 없었다.

"최근 일부 노동운동이 도덕성과 책임성을 잃고 있다.
…… 노조지도부가 정치투쟁을 하는 것은 정부가 보호할
수 없다. …… 노동자가 잘살기 위해서는 경제의 발목을 잡
는 노조가 없어져야 한다. 철도 파업에 경찰을 투입한 것은
철도 노조가 기존 합의사항을 뒤집은 만큼 법과 원칙으로
풀어 갈 수밖에 없었다."

대통령의 날 선 비판에 노조는 즉각 반발했다. 민노총과 한
국노총은 한목소리로 "노무현은 말로만 친(親)노동이다."라고
참여정부를 비난했다. 대화와 타협을 거부한 채 자신에 대한
비난을 멈추지 않는 노조에 대해 노무현은 그동안 참아왔던
말들을 쏟아냈다.

"파업부터 해 놓고 협상하자는 식에는 동의하기 어렵다.
…… 최근 노조가 귀족화·권력화하는 부분이 있다."

노무현과 노동계의 관계는 급속히 나빠졌다. 노조 시위대
는 급기야 "노무현이 노조를 배신했다."라며 원색적인 비난을
퍼부었다. 대통령 취임 첫해를 넘기기도 전의 일이다. 김대환

노동부 장관의 태도도 바뀌었다. 원래 김대환은 노무현 진영의 진보파 좌장 격이었으나 2004년 11월의 총파업 사태를 맞아 노동계에 직격탄을 날렸다.

"노동운동이 민주화를 이끌었다는 노동계의 주장은 큰
착각이다. 노동계의 이런 잘못된 생각이 노동운동을 비현
실적으로 만들었다."

이쯤 되자 참여정부 초기에 조성되었던 정부와 노조간의 밀월 관계는 완전히 깨졌다. 집권 3년째인 2005년 3월에는 항만 노조 비리, 기아자동차 노조 비리 등 대형 노조 비리 사건이 잇따르면서 노동계는 한층 더 궁지로 몰렸다.

집권 중반에 접어들면서 노무현의 노조관은 처음과 많이 달라져 있었다. 요약하면 다음과 같다.

① 세상이 바뀌었는데도 노조의 투쟁방식은 과거 독재 탄
    압시대와 다를 바 없다.
② 대기업 노조들이 집단 이기주의와 귀족화 현상을 보인다.
③ 정작 보호받아야 할 중소 영세기업 노동자들에 대한 배
    려는 오히려 소홀해졌다.
④ 노조의 불법파업이 너무 잦아 경제에 큰 부담을 주고 있다.

특히 노무현은 자신과 동지 관계라고 믿었던 민노총의 출석 거부로 노사정위원회가 한 번도 제대로 열리지 못한 채 임기 내내 등을 진 것에 대해 서운해 했다. 그는 임기 말에 "노동조합이 내 말은 믿고 따를 줄 알았는데 정말 서운하다."라고 소회를 밝혔다.

노골적으로 노동자 편을 들어서 '노조 대통령'이라고까지 불리던 노무현이 아이러니하게도 역대 대통령 중 노동계와 가장 심한 대립 관계가 될 줄 누가 알았을까. 노무현의 측근인 문재인도 그의 자서전 『운명이다』에서 "노동 분야에서 참여정부는 개혁을 촉진시킨 게 아니라, 거꾸로 개혁역량을 손상시킨 측면이 크다."라고 털어놓았다. 노조 문제가 걸림돌이 되어서 참여정부가 다른 개혁도 제대로 하지 못했다는 이야기다.

노무현으로서 더욱 곤혹스러웠던 것은 자신이 그토록 강조했던 '대화와 타협' 정책이 일을 더 키웠다는 점이다. 대화와 타협을 통해 문제를 해결하기는커녕, 정부의 공권력 실추 현상만 초래했기 때문이다. 이미 거대한 기득권 세력으로 자리잡은 한국 노조의 집단이기주의의 실체를 그는 너무 과소평가했던 것이다.

노무현의 기업관

참여정부 첫 경제부총리 김진표는 취임 일성으로 "기업들이 국제경쟁력을 확보할 수 있도록 법인세율 인하를 검토하겠다."라고 밝혔고 재계는 당연히 반겼다. 그러나 청와대는 즉시 "정부 방침으로 확정된 게 아니다."라고 부총리의 말을 뒤엎었다. '참여정부는 반(反)기업적'이라는 재계나 보수층의 비난은 이렇게 시작되었다. 재계는 노무현을 싫어했다. 좌파 정권이라는 선입견 아래 김대중 정권보다 노무현 정권에 대한 경계심과 불안감이 더 했다. '설마 노무현이 대통령에 당선될까?'라는 의구심을 갖는 기업인들이 많았고, 그들은 대부분 노무현을 지지하지 않았다.

정책이나 제도의 문제를 떠나서 노무현 개인에 대해 재계는 충분히 불안해 할만 했다. 재계가 가장 우려했던 것은 노무현의 노사관(勞使觀)이었다. 앞서 살펴보았듯이 집권 초기의 노무현은 확실한 노동자 편이었을 뿐 아니라 재벌과 대기업을 노골적으로 비판해 왔기 때문이다. 노무현의 발언들을 요약하면 '기업의 잘못은 엄벌하되, 노동자의 잘못은 관대하게 봐줘야 한다.'라는 것이었다. 재벌의 눈에 비친 노무현은 '운동권 대통령'이었다.

노무현은 반(反)기업 정서뿐 아니라 "강남에 사는 관료들이 서민의 어려움을 보살피는 정책을 만들 수 있겠는가."라는 말로 반(反)부자 정서도 거침없이 드러냈다. 강남 지역은 부자와 보수의 본산처럼 매도했다. 이 같은 발언들이 노련한 김대중과의 차이였다. 재계는 노무현의 말 한마디 한마디에 심한 충격을 받았다. 가뜩이나 IMF 이후 부채를 줄이고 신규투자에 몸을 사렸던 기업들로서는 더욱 위축될 수밖에 없었다.

그러나 경제가 침체를 계속하고 고용문제가 갈수록 심각해지면서 노무현의 언행은 빠른 속도로 달라졌다. 최선의 복지 정책은 일자리를 늘리는 것이며, 일자리는 기업이 만들어 낸다는 평범한 사실을 실감하면서부터 기업과 노동운동에 대한 생각을 수정하지 않을 수 없었다.

노무현은 의외로 변신이 빨랐다. 기업에 대해서는 신규투자와 고용 확대를 호소했고, 노동 시장의 유연성 제고를 약속했다. 첫 여름을 넘기면서 그는 바로 친기업적인 발언을 하기 시작했고, "노동자의 요구가 우리 경제의 경쟁력에 상당한 부담이 된다는 것이 현재 상황에 대한 판단이다."라는 발언을 언론에 공개적으로 밝혔다.

이처럼 노무현의 기업관이 바뀐 것은 어려운 경제상황 때문만은 아니었다. 야당 정치인으로서의 비판적 입장이 아니라 국정 최고책임자로서의 막중한 책임을 지는 대통령 자리에 앉았다는 것과 행정과 학습을 통해 한국경제의 현실과 기업의 실상을 비로소 제대로 파악했던 결과였다.

　노무현에게 특히 학습 효과가 컸던 것은 해외 출장이었다. 비행기만 탔다하면 그전에 하지 않았던 기업 칭찬이 쏟아졌다. 자신이 몰랐던 한국기업의 국제적 활약상을 직접 눈으로 확인하는 과정에서 기존 인식에 변화가 일기 시작했던 것이다.

　　"역시 해외에 나와 보니, 기업이 바로 나라다 하는 생각
　　이 든다. 우리 기업이 자랑스럽다."

　　　　　　　　　　　　　　　　　　　　- 2004년 10월, 인도 방문

　　"경제성장의 함정이냐, 분배의 함정이냐를 놓고 다소 혼
　　란이 있지만 좌·우파를 구분하는 것은 낡은 생각이다. ……
　　민노총은 고용이 확실하고 소득도 안정되어 있다. 그들의
　　노동운동에 심각하게 우려하고 있다."

　　　　　　　　　　　　　　　　　　　　- 2004년 11월, 미국 방문

　　"브라질에 와서 깨달은, 한국이 발전한 이유를 하나 소개
　　하겠다. 사실 우리 기업은 독재 정부 시절 권력과 결탁해 특
　　혜를 받았다. …… 우리 기업은 그렇게 성공한 이익을 다시
　　한국에 투자했다. …… 노사갈등이 있지만 오늘까지 우리
　　경제를 성장시켜 온 것은 이 같은 기업의 애국심과 확실한

한국국적의 한국기업들이었다."

- 2004년 11월, 브라질 방문

그러나 이런 발언만으로 노무현의 기업관을 딱 잘라 설명할 수는 없다. 원래 노무현은 청중과 상황에 따라 말을 달리하는 재주가 탁월했었다. 외국에 나가면 기업 칭찬을 많이 했고, 국내에서는 재벌 폐해를 자주 지적하거나 비판했다. 이 같은 이중적인 잣대를 감안한다 해도 과거 운동권 변호사 시절에 가졌던 편향된 선입견이나 과격한 생각들에 비하면 대통령이 되고 나서 노무현의 기업관은 많이 달라졌다. 진보 진영에서 발동을 걸었던 아파트 분양가 공개 주장에 대해서도 반대 입장을 분명히 밝혔고, 외환은행의 론스타 헐값 매각 논란에 대해서도 노조 세력이나 시민단체에서 제기하는 의혹에 대해 동의하지 않았다.

한미 FTA를 주도할 줄이야

대통령이 된 노무현의 기업관, 경제관이 과거와 비교하여 변했다는 것을 보여주는 단적인 예가 바로 미국과 FTA를 결심한 일이었다. 한미 FTA가 정식 체결되고 국회 비준을 받은 것은 이명박 시대였지만, 체결하기로 마음먹고 성사시킨 것은 노무현 정부였다. 노무현은 대체 무슨 마음을 먹고 한미 FTA를 추진했던 것인가?

한미 FTA는 미국의 개방 압력으로 시작된 게 아니다. 당시 미국은 한국과의 FTA에 시큰둥했었으나, 한국 정부가 적극적으로 나서면서 추진되었다. 초기 단계에서 한국 실무자들이 미국 측과 협상을 시작할 때만 해도 그것이 결실을 볼 것으로 예상하는 사람은 드물었다. 무엇보다 참여정부의 성격이나 정책기조로 봐서 도저히 이뤄질 수 없는 개방 정책이라고 여겨졌기 때문이다. FTA의 경제적 효과가 아무리 크다고 한들, 가뜩이나 반미 성향이 뚜렷한 노무현이 결코 받아들이지 않을 것으로 봤다. 그랬던 것이 예상을 깨고 노무현이 앞장서 미국과의 FTA를 밀어붙였던 것이다.

노무현이 한미 FTA를 결심하게 결정적인 계기는 지극히 비정치적이고 실무적인 차원에서 비롯됐다. 통상산업본부장 김현종으로부터 한미 FTA 관련 보고를 받고 나서 필요성을 절실하게 느꼈고, 한 번 결심이 서자 주저하지 않고 추진했던 것이다.

자신을 지지했던 세력의 반대가 뻔했던 정책을 그처럼 단호하게 결심할 줄은 아무도 몰랐다. 노무현의 한미 FTA 결심에 보수층은 놀랐고, 여당인 열린우리당과 노사모를 비롯한 지지세력들은 일제히 반발했다. 경제측근으로 각별한 신임을 받았고 노무현 경제를 선봉에서 이끌던 진보성향의 경제학자 이정우와 정태인 등은 '잘못된 정책'이라며 노골적으로 노무현의 결정에 반대했다. 그러나 노무현은 생각을 바꾸지 않았다. 청와대 정책실장으로 노무현의 측근이었던 김병준은 '참여 정권 경제 5년'에서 그 과정을 다음과 같이 설명했다.

"처음에 대통령은 나라를 팔아먹는 게 아닐까 하는 걱정을 했다. 세계 최대이자 최강인 시장과 경쟁을 하는 것 아닌가. 나도 겁이 덜컥 났다. 그러나 대통령은 개방하지 않고 발전하는 국가는 없다는 신념을 갖고 있었다. 폐쇄하면 망하는 외길이지만, 개방하면 우리 노력 여하에 따라 성패의 갈림길을 선택할 수 있다는 것이었다."

노무현은 집권 마지막 해인 2007년 3월, 한미 FTA를 반대하는 농어민 문제를 다루는 업무보고 자리에서 이런 말을 했다.

"특단의 의지였다. 한미 FTA로 정치적 입장이 얼마나 난감해지겠는가. 아무런 이득이 없다. 한미 FTA는 정치적으로는 손해지만 국가산업과 경제를 위해 반드시 해야 한다고 생각했다."

노무현은 좌우 이데올로기를 떠나 어느새 '개방론자'가 되어 있었다. 그는 지지자들을 향해 "국가의 이익과 국민의 요구가 상충될 때 국가지도자는 어떤 선택을 해야 하는가."라고 되물었다. 자신은 지지자들의 표를 잃더라도 국가 이익을 선택할 수밖에 없었다는 이야기를 하고 싶었던 것이다.

노무현이 판을 벌여 놓은 한미 FTA는 결국 다음 정권인 이명박 정권에 와서야 어렵사리 매듭지어졌다. 그러나 노무현이 아니었다면 과연 그것이 가능했을까?

세금 폭탄 부동산 정책

노무현 경제의 대표적인 정책 실패 사례를 꼽는다면 부동산 정책이다. 대통령이 되기 전 노무현은 유권자에게 "내가 대통령에 당선되면 하늘이 두 쪽 나는 일이 있더라도 부동산 투기를 완전히 잡겠다."라고 장담했었다. 그랬던 그가 임기 말 기자간담회에서 "부동산을 빼면 내가 잘못한 정책이 뭐 있는가?"라고 말했다. 이 두 발언을 종합하면 자신의 부동산 정책이 실패했음을 자인한 셈이다. 대통령의 굳은 결심에도 부동산 정책은 왜 실패했을까?

노무현은 고질적인 부동산 투기 현상을 자신의 손으로 꼭 뿌리뽑을 각오였다. 부동산 투기야말로 집 없는 사람들을 더 어렵게 만들고 양극화 현상을 심화시키는 가장 나쁜 것이라 확신했다. 그럼에도 부동산 투기가 근절되지 않고 계속 반복된 것은 권력층과 부자들의 반대 탓이라고 봤다. 따라서 서민 대통령을 자임한 자신은 임기 중 어떤 저항이 있더라도 제도적으로 부동산 투기가 다시는 발붙일 수 없도록 하겠다고 다짐했다. 핵심 참모들도 부동산 문제에 대해 단호하게 생각했다. 첫째, 아무리 경기가 나빠져도 부동산 경기를 부양시켜서 경제성장률을 끌어올리는 정책은 절대 쓰지 않을 것이다. 둘째, 투기현상이 반복되지 않도록 제도적으로 '대못'을 박겠다. 노무현은 부동산 투기를 경제 현상의 하나로 보지 않고, 아주 나쁜 '사회악'으로 간주했다. 정책 내용이 다분히 응징적이고 감정적이었다.

참여정부는 말한 대로 실천에 옮겼다. 서울의 아파트값이 기승을 부리자 강력한 조치를 계속해서 쏟아 냈다. 김대중 정권에서 풀었던 각종 규제 완화조치를 원점으로 돌리는 것을 시작으로 갖가지 '세금 폭탄'을 투하했다. 집을 팔 때 처음 샀던 금액보다 오를 때 생기는 시세차익에 대해 부과하는 양도소득세를 대폭 올리는 것을 비롯해 집 소유자에게 매기는 재산세에 더해 '종합부동산세(종부세)'를 추가로 만들어 세금 부담을 훨씬 무겁게 했다.

참여정부가 실시한 이처럼 강력한 '세금 폭탄' 정책의 핵심은 부동산을 많이 가질수록 세금 부담을 가중시켜 손해를 보게 하겠다는 의도였다. 사실 미국 같은 나라에 비해 재산세 세율이 너무 낮고 과표도 실제 시세보다 너무 낮아 재산세를 올릴 필요가 있었다.

그러나 참여정부는 한 술 더 떴다. 과표도 올리고 세율도 올릴 뿐 아니라 종합부동산세라는 세금까지 신설했다. 세금 정책만 쓴 게 아니다. 민간아파트의 분양가 상한선을 정부가 정했고, 건설사의 원가공개까지 의무화시켰다. 강남의 집값을 떨어뜨리기 위해 경기도 판교에 신도시를 조성했으나 오히려 이웃에 위치한 분당의 아파트값까지 강남 수준으로 올려놓고 말았다. 고성능 세금 폭탄 공세를 펴고 공급확대 정책까지 펴도 부동산값 상승세는 수그러들지 않았다. 왜 그랬을까?

중대한 실책은 세금공세나 행정규제로 부동산 투기를 잡을 수 있다는 착각에서 비롯됐다. 문제는 금융 쪽이었다. 시중에 돈이 잔뜩 풀려 있는데다가, 은행 돈만 빌리면 얼마든지 집을 살 수 있으며, 집값이 계속 오를 것이라는 기대감이 널리 퍼져 있는 상황이었다. 이런 상황에서는 공급을 아무리 늘려봤자 집값은 계속 오를 수밖에 없는 데 이점을 간과했던 것이다.

외환위기를 겪으면서 1998~1999년 사이에 1년 만기 정기예금 금리가 4%로 뚝 떨어지고, 대출 제한도 폐지되고, 대출기간도 장기로 늘어나면서 자기 돈 주고 집을 사는 사람은 바보라는 소리 듣는 세상으로 바뀌었다. 예컨대 집값의 10%만 있으면 은행 대출을 끼고 새 아파트를 살 수 있었으니 투기 현상이 안 벌어지면 그게 비정상이었다.

세종시 건설을 비롯한 국토균형개발 정책도 전국의 부동산 가격을 일제히 올리는 결과를 빚었다. 세종시와 곳곳의 혁신 도시 건설이 주변 땅값을 일제히 올려놓았고, 여기서 재미를 본 땅 주인들은 토지 보상비로 다른 지역 땅을 사들이는 바람에 전국의 땅값을 올렸다. 노태우 시대에 분당 신도시 건설 토지 보상비가 전국으로 흩어져서 지방 땅값에 불을 질렀던 것과 똑같은 현상이 벌어졌던 것이다. 결국 연도별 전국 땅값 상승률을 보면 김영삼, 김대중 정권 때는 거의 오르지 않던 것이 노무현 정권 5년 동안 23.8%나 올랐다.

참여정부도 2006년에 와서야 DTI(총부채 상환비율)나 LTV(주택담보대출비율) 등 대출을 규제해 돈줄을 조이기 시작했지만 이미 타이밍을 놓친 뒤였다. 집권 마지막 해에는 경기도 분당의 50평짜리 아파트값이 무려 14억 원을 넘나들 정도로 급등했다. 너도나도 은행 빚을 내서 아파트 사재기에 나섰던 결과다. 결국 이명박 정권에는 아파트값이 반 토막으로 급락했고, 이 과정에서 소위 말하는 '깡통 아파트'가 무더기로 쏟아져 나왔다.

그렇다면 노무현 정부는 돈줄 조이는 정책은 외면한 채, 왜 세금 폭탄 정책에만 의존했을까. 그럴만한 이유가 있었다. 첫째, 돈줄을 조일 경우 경기에 나쁜 영향을 줄 것을 우려했다. 노무현 정권은 기회 있을 때마다 경제가 아무리 나빠도 부양책을 쓰지 않겠다는 정책 의지를 밝혀 왔는데, 사실 이런 정책은 절반만 맞는 이야기였다. 경기 부양을 위해 돈을 푸는 인위적 부양책을 펴지 않는다는 것이었지, 아파트 투기의 원천이었던 주택 대출 제도는 그대로 방치했던 것이다. 둘째, 노무현은 부동산 투기꾼을 처벌하고 손해를 보게 하려면 세금을 중과하는 징벌적인 정책으로 투기의 뿌리를 근절해야 한다고 생각했다.

참여 정권은 집권 내내 부동산 문제를 경제 정책의 대상으로 보지 않고 운동권적 시각으로 봤던 것이다. 그 결과는 실패였다. 아파트값은 물론 전국의 땅값을 잔뜩 올려놓았을 뿐 아니라, 세금 폭탄 투하로 부동산 거래 자체를 얼어붙게 하였다. 소위 말하는 '거래 절벽' 현상이 다음 정권에 나타난 것이다. 더구나 지나친 세금 공세로 심각한 조세저항을 초래해 다음 대통령 선거에서 여당인 열린우리당이 패하는 중요한 요인이 되기도 했다.

양극화와 일자리 딜레마

양극화라는 말이 정부 차원에서 이슈가 된 것은 노무현의 참여정부 때부터였다. 원래 이 용어는 정부를 비판하는 야당이나 시민단체가 자주 쓰고 정부는 해명하는 것이 보통인데, 참여정부는 도리어 양극화 문제의 심각성을 들고 나섰다. 성장보다도 분배와 복지에 더 역점을 뒀던 참여정부였기에 이런 점에서 전 정부들과 달랐다. 양극화 현상이 두드러지게 된 배경을 잠시 살펴볼 필요가 있다.

사실 산업화를 향한 고속성장 과정에서 빈부 격차는 어제오늘의 문제가 아니었다. 그러나 1997년 외환위기를 겪으면서 대량 실업사태가 벌어졌고, 이 과정에서부터 양극화 현상이 더 심각한 문제로 부각되었던 것이다. 양극화 문제는 일자리 찾기가 갈수록 어려워지고 일자리를 얻어도 불안하고 대우가 좋지 않은 소위 '비정규직'만 늘어나고 있다는 것이다. 결국 일자리를 많이 만드는 것이 양극화를 해소하는 가장 중요한 대책이고, 그것도 불안한 일자리가 아니라 괜찮고 안정적인 직장이 많이 늘어나야 했다.

참여정부는 양극화 현상의 주된 원인으로서 외환위기 속의 정리 해고나 비정규직 양산을 꼽았고, 이를 해결하는 것은 어떻게 해서라도 일자리를 늘리는 것이라 판단했다. 그래서 집

117

권 2년째인 2004년 중반부터 본격적으로 일자리 창출을 통한 양극화 해소 정책에 발 벗고 나섰다. 매년 40만 개의 일자리를 약속(실제로는 30만 개에도 미달)하는가 하면, 법을 고쳐서 비정규직 문제를 해결하고, 중소기업을 독려해서 대기업과의 격차를 줄여나가겠다고 다짐했다.

특히 노무현은 양극화 해소의 대안으로 '동반성장'이라는 말을 선보였다. 소득 격차의 해소 차원을 넘어 대기업과 중소기업이 함께 성장하고, 수출산업뿐만 아니라 내수산업도 함께 좋아지는 성장을 추구하겠다는 것이 동반성장 정책의 요지였다. 성장도 단순한 성장이 아니라, 실업을 해결해주는 일자리 중심의 성장을 의미하는 것이기도 했다.

그러나 문제는 실천이었다. 양극화 해소나 동반성장이라는 것이 말은 그럴듯한데, 구체적으로 어떻게 하는가가 문제였다. 일자리 늘리기 정책만 해도 과거의 권위주의 시대처럼 정부 주도의 밀어붙이기 식으로 할 수도 없는 노릇이고, 그렇다고 다른 마땅한 방법을 찾기도 어려웠다. 새 일자리를 기대할 수 있다는 서비스 산업 육성만 해도 여의치 않았다. 괜찮은 일자리를 창출할 수 있는 영리병원이나 카지노 사업 같은 것은 규제에 묶였고, 치킨집이나 음식점 등 영세 가게들만 잔뜩 늘어나는 바람에 실직자나 퇴직자들이 돈만 날리는 사태가 늘어났다.

비정규직 해소 문제도 의욕만 앞섰지 성과는 신통치 않았다. 참여정부 출범 이후 정부와 노동계는 비정규직보호법으로 임기 내내 대립과 실랑이를 벌였다. 정부는 정규직 노조가 어느 정도 양보해야 비정규직 문제를 해결할 수 있다는 입장이었던 반면, 민노총을 비롯한 노동계는 강력히 반발했다. 그러나 양극화 해소나 일자리 창출 문제가 노무현 정부의 잘못된 정책으로 성과를 내지 못했다고 할 수는 없다. 누가 대통령을 해도 5년 임기 동안 해결할 수 없는 누적된 골칫거리였기 때문이다. 병으로 치면 장기 치료가 필요한 만성질환이었던 셈이다.

그러나 일자리 문제를 보는 노무현 정부의 시각에는 중요한 착오가 있었다. 일자리 문제의 원인은 단순히 외환위기로 인한 정리해고에서 비롯된 것이 아니었기 때문이다. 일자리 딜레마의 원인을 찾으려면 과거로 거슬러 올라가야 간다. 노동집약 산업이 한국경제의 중심이 되었을 때는 경제성장만큼 일자리가 쑥쑥 늘어났는데, 노동집약 산업 대신 기술집약 산업, 다시 말해 부가가치가 높은 산업이 경제의 중심이 되는 바람에 일자리 고민이 생겨난 것이다. 그러니 경제가 성장하고 수출로 달러를 많이 벌어들여도 일자리가 늘어나지 않을 수밖에 없었다. 결국 지금의 일자리 고민은 과거 정책의 실패한 결과가 아니라 성공한 결과에서 빚어진 셈이다.

외환위기 때 비정규직이 양산되는 바람에 양극화 현상을 부추겼다는 참여정부의 주장도 사실과 달랐다. 정리해고나 비정규직 문제는 기업이 살아 있음을 전제로 하는 이야기다. 그런데 기본적으로 기업이 통째로 망하거나 없어져서 실업자가 무더기로 길가에 나앉게 된 상황이 일자리 문제의 핵심이었던 것이다. 기업들이 정규직이든 비정규직이든 신규 채용을 꺼리게 된 현상이 새롭게 닥친 일자리 문제 딜레마였기 때문이다.

중국경제의 급속한 부상과 국내기업들의 해외 탈출도 일자리를 위협하는 중요한 요인이었다. 중국의 신생기업들은 마치 대형 진공소제기로 빨아들이듯이 한국에서 생겨나야 할 일자리를 훑어갔고, 국제경쟁에서 살아남기 위한 국내기업들도 국내 투자를 외면하고 해외 투자로 발길을 옮겼다.

여기에 한 가지 더 보태야 할 것은 취업이 어렵다면서도 일자리에 대한 기대치와 눈높이가 크게 높아졌다는 점이다. 취업난을 호소하면서도 힘든 일이나 허드렛일은 꺼리는 바람에 외국인 노동자들이 그 자리를 대신 차지했던 것이다.

아무튼 성장과 일자리 창출의 등식이 완전히 깨지고 일자리 딜레마와 양극화 현상의 심각성이 본격적으로 제기되었을 때, 이에 대한 답안지에 "동반성장 정책"이란 제목을 붙인 것은 참여정부가 주도한 일이었다.

정치자금의 혁명을 이루다

노무현에게 '돈'은 어떤 것이었을까. 그는 가난도 겪어봤고, 요트도 타봤고, 노동현장에 뛰어들어 인권 변호사도 해봤다. 그리고 비록 구멍가게 수준이었지만 돈을 벌 욕심으로 생수 장사를 벌이다가 사업 실패의 경험도 했다. 그러나 종국적으로 정치인 노무현의 머릿속에 정리된 돈에 대한 생각은 '돈이란 낡은 정치를 지속시키는 종자돈'이라는 점이었다.

그는 2003년 취임사에서 "경제의 지속성장을 위해서도, 사회의 건강을 위해서도 부정부패를 없애야 한다. 특히 사회지도층의 뼈를 깎는 성찰을 요구한다."라고 했다. 이는 '정치자금'이라는 돈을 두고 한 말이다. 정치자금을 통한 정경유착의 고리를 끊지 않고서는 정치든 경제든 제대로 발전할 수 없다고 생각했다. 그는 실제로 선거를 통해서 정치자금 차단을 실천해나갔다.

그가 대통령 재임 중 치러진 국회의원 선거는 역대 국회의원 선거에서 찾아보기 힘들 정도로 깨끗한 선거였으며 대단한 업적이었다. 재벌 회장들은 "선거 운동이 시작돼서 정치자금을 내라는 말이 언제 나올까 하고 기다렸는데, 정말 선거가 끝날 때까지 아무 데서도 그런 요청이 없었다."라고 증언했다. 이처럼 국회의원 선거 때 정치자금으로부터 기업들을 자유롭게 해 준 정부는 건국 이래 없었다. 관련법이나 제도가 강화된 것도 한몫했지만, 대통령의 모진 결심 없이는 제아무리 제도적 규제를 강화한다 해도 불가능한 일이다. "정치자금은 더 투명해져야 하고, 제도는 더 합리적으로 보완되어야 한다."라는 국정 연설(2003년 4월)을 노무현은 그대로 실천에 옮겼다.

노무현은 돈 문제에 관한 한 흠 잡힐 데가 없다고 자부했다. 취임 직전 당선자 신분으로 "이권 개입이나 인사 청탁을 하다 걸리면 패가망신(敗家亡身)시키겠다."라고까지 했다. 그처럼 큰소리 칠만도 했다. 민주투사 출신의 전임 대통령이었던 김영삼과 김대중도 정치자금에서 자유로울 수 없었으며, 그들의 정치인생에서 기업들로부터의 정치자금 조달은 필수였다.

그러나 노무현은 달랐다. 물론 그도 대통령이 되는 과정에서 기업들에 정치자금을 얻어 썼지만 상대적으로 훨씬 적은 규모였다. 다른 대통령에게는 없었던 '노사모'라는 지지 배경이 버티고 있었기에, 대통령이 되고 나서도 기업들과의 정치적으로 뒷거래하는 것은 일절 배격했다.

정치자금 문제뿐 아니라, 노무현 정권은 과거 다른 정권들에 비교해 돈에 관한 한 전반적으로 도덕적 우위를 자부할 만했다. 공기업 인사만 보더라도 이념적으로 편향된 인사라는 비판은 많이 받았으나, 이권과 관련된 낙하산 인사는 다른 정권과 비교하면 훨씬 적었다. 집권 후에 신세 갚아야 할 사람 숫자가 적었던 덕분이기도 했다.

노무현은 경제 정책에 임하는 기본 태도도 달랐다. 그는 취임 초부터 정부의 기능 중 한국은행의 독립성, 금융감독원과 공정거래위원회 기능을 강화하는 등 도덕적 개혁을 우선시하겠다고 마음먹었다. 경제의 파이를 키우는 정책보다는 불공정한 시장 독점을 견제하고 경제 비리를 척결하는 일을 더 우선시했다.

그러나 그의 트레이드마크였던 도덕성이 시간이 지나면서 부메랑이 되어 자신을 무너뜨릴 줄은 미처 몰랐다. 취임 1년 만에 기자회견을 통해 "대선자금 그리고 저의 측근과 친인척 비리 문제로 죄송하고 부끄럽다."라는 사과를 시작으로, 노무현 역시 집권 내내 크고 작은 비리 소동에 휘말려 곤욕을 치러야 했다.

급기야 이른바 '박연차 스캔들'이 터지면서 그의 도덕 정치는 치명타를 입었다. 퇴임 후 검찰 수사까지 받는 상황에 본인이 쓴 '추가 진술 준비'라는 비망록(2009년 4월 3일)에서 그는 "도덕적 책임을 통감한다. 형님까지는 단속이 쉽지 않았다고 변명이라도 할 수 있겠지만, 아내와 총무비서관의 일에 이르러서는 달리 변명할 말이 없다."라고 적었다. 돈의 액수 여하를 떠나 노무현이 그토록 주장하고 추구했던 도덕적 우위가 그토록 허무하게 무너질 줄은 자신도 몰랐을 것이다. 이것이 퇴임 후 검찰 수사의 수모를 겪으면서 자살을 택한 근본 배경이다.

실패한 사회 통합

노무현은 집권 4년 차인 2006년 12월, 오스트레일리아 순방 중 교포간담회에서 매우 독특한 연설을 했다.

"대화와 타협의 정치를 이뤄내지 못한 데 대해 내가 대가를 톡톡히 치르고 있다. 국민에게 미안하게 생각하고 내 정치적 역량의 부족이라고 생각한다. 우리는 아직도 너무 싸움을 많이 한다. 나부터 ……

옛날 군사독재하고 싸우던 때의 기억이 남아서 나쁜 사람 좋은 사람을 갈라놓고, 나하고 생각이 다른 사람들과 토론을 하다 보면 더 좋은 결론이 나올 것이라는 생각보다는 '저 사람 옛날에 많이 해 먹던 사람들, 많이 꿍쳐 놓은 사람들'이란 이런 선입견이 있다. 또 그쪽에서 보면 '만날 거리에서 데모나 하던 사람, 쟤들 사고뭉치들' 이렇게 서로 인정하지 않는 부분이 있다. 사상투쟁을 오래 했기 때문에 서로 인정하지 않는 문화가 있다. 이것을 어떻게 넘어서느냐에 대해 많이 고심하고 있다. 그러나 나는 아직 성공하지 못했다."

이처럼 솔직하게 속내를 드러낸 대통령은 노무현밖에 없었다. 대통령 임기를 1년 남짓 남긴 시점에서 그동안 추구해 온 가장 중요한 국정목표였던 사회통합의 문제에 대해 솔직한 자신의 소회를 이날 연설에서 밝힌 것이다. 그의 말대로 '서로 인정하지 않는 문화'를 '서로 인정하는 문화'로 만드는 작업을 위해 애써왔으나 잘되지 못했음을 고백한 것이다.

노무현은 집권 종반에 접어들면서 심경이 복잡하고 감정의 기복이 심해졌다. 대통령으로서 나름대로 최선을 다했다고 자부하면서도, 다른 한편으로는 심각한 한계와 좌절, 때로는 분노를 함께 겪고 있었던 것이다. 노조 대통령을 자부했음에도 노조 문제에 한 발짝도 진전하지 못했고, 세금 폭탄을 퍼부었는데도 조세저항만 초래한 채 부동산값은 폭등행진을 이어갔고, 계속되는 경기 침체 속에 대통령 인기는 급전직하(急轉直下)였다. 노무현의 가장 큰 좌절은 앞서 말한 고백처럼 그가 궁극적으로 지향했던 대화와 타협의 정치를 통한 '사회통합'에 실패했다는 점에서 비롯됐다. 과연 노무현은 사회통합을 위해 어떤 노력을 했기에 실패한 것인가.

노무현은 말로만 사회통합을 주장한 것이 아니고 나름대로 여러 가지 노력을 했다. 다만, 그가 처음부터 사회통합을 시도했던 것은 아니다. 집권 초기에는 노동자, 서민 등 사회적 약자의 이익을 대변하는 정치를 강력하게 표방했었고, 부자와 재벌의 각성과 양보를 촉구했다. 부동산에 대한 세금 폭탄 정책 등이 그러한 사례다. 하지만 국가경영이 얼마나 복합적인지 경험하면서 노무현은 자신의 한계를 인정하게 되었다. 아무리 자신의 생각이 옳아도 많은 사람이 반대하면 헛일이라는 점, 국정운영이 진보냐 보수냐의 진영 논리에 얽매여서도 곤란하다는 점 등을 절실하게 깨달았다. 집권 중기가 지나자 여당인 열린우리당조차 노무현의 변화된 생각을 이해하지 못했다.

2005년 여름, 노무현은 어느 날 갑자기 야당과의 공동정권 수립을 뜻하는 '대연정'을 제의해서 많은 사람을 어리둥절하게 만들었다. 사회통합의 필요성을 절감한 나머지 대통령 권한을 대폭 양보해서라도 야당의 협조를 얻겠다는 결단이었으나 너무도 뜻밖이었다. 보수 야당은 코웃음을 쳤고, 여당인 열린우리당과 노무현 지지자들도 "무슨 뚱딴지같은 소리냐."라며 고개를 돌렸다. 결국 대통령의 사회통합 염원이 전파되기는커녕 체면만 구긴 깜짝쇼로 끝났다.

2006년 8월에 발표한 '비전 2030'도 노무현의 사회통합 노력이었다. 비전 2030은 "분열과 갈등을 치유하는 사회통합이 국가의 역할이다."라는 점을 강조하면서 한국 사회가 나아갈

길을 제시한 것이다. 고령화와 저출산 같은 근본적인 문제를 어떻게 해결해 나갈 것인가. 2만 달러, 3만 달러 시대로 계속 발전하려면 어떻게 준비해야 하는가. 복지를 강화하기 위해서는 비용이 얼마나 들고 비용은 어떻게 조달할 것인가. 이러한 문제에 관한 고민과 대안을 총망라한 것이었다.

그러나 언론은 물론 여당에서조차 주목하지 않았다. 도리어 "힘 빠진 대통령이 눈앞에 산적한 현안들을 해결할 생각은 않고서 먼 훗날의 장밋빛 청사진만 그리고 있다."라고 비난했다. 결과적으로 노무현이 시도한 사회통합 노력은 제대로 되는 것이 없었다.

실패의 주된 이유는 정책 내용이 아니라 노무현 자신에게서 찾을 수 있다. 원래 노무현의 정치 스타일은 사회통합하고는 거리가 멀었다. 그는 갈등을 해소하고 대립을 중재하는 정치인이 아니었기 때문이다. 그는 자기주장이 강하고 분명했다. 토론을 즐겼고, 승부를 좋아했다. 중재를 잘하고 합의를 원만히 끌어내리려면 때로는 자신의 생각을 양보도 하고 다른 사람 생각을 적극적으로 수용하는 자세도 필요한데, 노무현은 반대였다. 사회통합을 주장했지만, 그는 자신의 생각을 중심으로 한 일방적인 통합에 집착했던 셈이다. 결과적으로 사회통합은 고사하고 대립과 분열이 더 심해졌던 것이다.

2007년 새해 첫날, 노무현이 점심 식사에서 경제 관료들에게 "나는 갈등친화적인 인물이다. 앞으로도 시끄러울 것이다."라고 말한 것은 대통령의 말이라고는 도저히 믿어지지 않는 대목이었다.

노무현은 결국 집권 마지막 해 2월, 열린우리당을 탈당했다. 그는 자의 반 타의 반으로 정치적 외톨이 신세가 되어 버렸다. 참여정부의 으뜸가는 명제로 내세웠던 대화와 타협을 통한 사회통합이 노무현에 의해 부서지고 만 셈이다. 그의 고백처럼 통합의 과제는 갈등친화적인 DNA를 통제할 수 없는 리더에게 어울리지 않는 일이었다.

노무현의 업적을 돌이켜 봐도 대화와 타협보다는 오히려 반대를 무릅쓰고 굽힘 없는 소신을 관철시켜서 이뤄낸 경우가 많았다. 그에게는 역시 도전이나 투쟁이 더 어울렸다. 자기 생각과 다른 사람들의 생각마저 모두 아울러 끌어안고 융화하는 것이 통합을 추구하는 리더의 기본 덕목이라고 한다면, 그는 생각이 다른 사람과는 끝까지 다투고 이기고 싶어 하는 사람이었다. 노무현은 대통령 자리에서 물러나고서야 이점을 후회했다.

CEO 대통령, 이명박 시대

경제만은 살릴 것이다

17대 대통령 이명박의 당선은 압도적이었다. 이명박은 전임 대통령 노무현의 '경제 실패'로 인한 국민적 기대를 받고 530만 표라는 사상 최고의 득표 차이로 17대 대통령에 당선되었다. 그런 이명박을 '경제 대통령'이라 부르는 것은 지극히 자연스런 일이었다.

대통령 선거 기간에는 후보마다 경제 대통령으로는 모자라 CEO 대통령이 될 것이라고 목소리를 높였다. 그런 분위기 속에서 이명박은 차기 대통령 후보로 안성맞춤이었다. 한국 굴지의 건설회사 CEO 출신이었으니 명실상부한 CEO 대통령이었다. 더구나 서울시장 재임 시절, 전임자들은 엄두도 내지 못했던 청계천 사업을 성공적으로 진행하면서 많은 사람으로부터 "역시 CEO 출신은 다르다."라는 찬사를 받았다. 그는 청계천 사업을 통해 불가능을 가능케 만든 불굴의 리더 이미지를 구축하는 데 성공했고, 이 자신감을 바탕으로 대통령 자리에까지 올랐다. 1992년 대통령 선거에서 정주영 현대그룹 회장이 정당까지 만들면서 출마했다가 낙선한 이래 기업인 출신으로 대통령이 된 것은 이명박이 최초였다.

그는 전임 대통령 노무현이 경제를 망쳤다는 사회 분위기의 반사이익을 많이 봤다. 김영삼 경제의 실패로 IMF 외환위기가 닥친 것이 김대중의 대통령 당선에 결정적인 역할을 했던 것처럼, 노무현 경제에 대한 실망이 '경제 대통령' 'CEO 대통령'을 표방하고 나선 이명박의 당선에 크게 작용했던 것이다.

이명박은 당내 경선에서 고전했을 뿐 상대 당 후보와의 대결에서는 낙승을 자신했으며 실제로도 그랬다. 그만큼 이명박의 경제 리더십에 대한 기대가 컸었고, 이명박 스스로도 자신감에 차 있었다. 그는 경제전문가임을 내세웠으며, 노무현 시대의 경제 악화는 경제를 모르는 대통령 탓이었으니 자기가 대통령이 되는 것이 한국경제에 플러스라고 장담했다. 사실 역대 대통령 중 이명박만큼 직접 기업을 경영한 실전 경력 소유자는 없었다.

그는 "노무현 정권이 계산한 한국경제의 잠재 성장률이 4%라고 하는데 이는 틀린 계산이다. 훌륭한 리더십이 제대로 작동되면 성장률 3% 정도를 물가 부담 없이 추가로 더 끌어올릴 수 있다."라고 주장했다. '7% 성장, 4만 달러 소득, 7대 경제 강국 달성'이라는 내용을 담은 소위 '747 공약'도 그러한 맥락에서 출발했다. 이명박은 원래 자기 확신이 강하고 도전적인 사람이었다. 건설회사 CEO로 실전에서 연마한 추진력과 서울시장 시절의 화려한 경력을 통해 세계의 주목을 받을 정도였으니, 대통령이 되어서도 잘할 수 있다고 확신했다.

반면, 그는 기본적으로 정치를 좋아하지 않았다. 국회의원 배지도 달아보았으나 체질적으로 사업가의 틀을 벗어나지 못했다. 사실 CEO 출신의 눈으로 봤을 때 한국정치는 낭비와 모순덩어리였다. 정치인들은 말만 앞세우고 권력투쟁에만 정신을 파는 매우 비생산적 집단이라고 생각했다. 이런 정치 풍토에서 비록 말솜씨는 어눌해도 경제를 자기만큼 잘할 사람은 없다고 믿었다. 많은 사람이 이명박의 경제 리더십을 높이 평가하고 기대했었기에 압도적으로 표를 몰아줬던 것이다.

이명박은 우선 정책의 기본 방향을 경제우선주의로 되돌리고자 했다. 대통령 스스로 솔선수범해서 경제에 매진하면 나라 분위기가 확 바뀌리라 기대했다. 그는 취임 초부터 크고 작은 회의를 일일이 챙겼다. CEO가 작정하고 구조조정을 추진하면 기업경영을 단숨에 새롭게 할 수 있듯이, 정부나 국가경영도 기업 같은 생산성 향상을 이뤄낼 수 있다고 확신했던 것이다. 훗날 퇴임 기자회견에서도 "나만큼 많이 뛴 대통령은 없을 것"이라고 자평했다. 그것이 자신이 생각하고 있던 경제 대통령 상(像)이었으며, 그렇게 하면 실제로 한국경제가 어려움을 극복하고 좋아질 것으로 믿었다.

이명박 경제는 지금의 경제적 어려움이 과거 20년 민주화 과정의 부작용에서 비롯된 것이라는 전제에서 출발했다. 따라서 정치과잉 현상을 과감하게 걷어내고 흐트러진 사회기강도 바로 세워야 한국경제가 다시 활력을 되찾을 수 있다고 판단했다. 그는 모든 정책의 초점을 경쟁력 강화에 맞추고, 기업 활력을 불러일으키는 데 주력했다. 이처럼 기세 좋게 출발한 MB노믹스가 시작부터 수렁 속으로 빠져들 줄은 전혀 예상치 못했다.

전봇대를 뽑아라

이명박은 대통령에 당선되고 열흘 만에 전경련을 찾았다. 대선 이후의 첫 나들이를 재계의 본산인 전경련으로 잡았던 것이다.

"새 정부는 기업인들이 마음 놓고 기업을 할 수 있는 환
경을 만들겠다. 애로사항이 있으면 내게 직접 전화해 달라."

이명박은 노동자 편임을 자임했던 노무현과는 전혀 달랐
다. 이명박 당선자는 화기애애한 분위기 속에 진행된 이날 재
계 간담회에서 대기업 회장들에게 자신의 친기업 성향을 거
침없이 드러냈다. 반기업 정서가 팽배했던 노무현 정권과의
차별화를 확실하게 보여주겠다는 의도가 분명했다. 재벌기
업 CEO출신이라서 재벌을 편들었다기보다는 '실추된 기업
가 정신을 되살리는 것이 한국경제의 살 길'이라는 자신의 경
제관을 가감 없이 그대로 드러낸 것이었다. 그는 잠재성장력
을 다시 끌어올릴 수 있는 근본적 방책이 '기업하기 좋은 환
경'을 만드는 것이라는 확신했다. 그는 '비즈니스 프렌들리
(business friendly)'를 새 정부의 중심 슬로건으로 내세웠고, 많은
사람은 새로운 분위기 조성이 경제에 활력을 불어 넣으려는
신선한 노력이라고 생각했다.

정부 규제의 폐해를 직접 경험해 본 첫 기업인 출신 대통
령이었기에, 이명박은 기업 활동에 걸림돌이 되는 일체의 규
제나 안일한 행정 구습을 쇄신하는데 앞장섰다. 본때를 보인

사건이 이른바 '전봇대 뽑기'였다. 대통령 당선자 시절, 정부의 규제 완화가 얼마나 구호에 그치고 실속이 없는지를 인수위원회 간사단 회의석상에서 지적하면서 "호남의 대불산업단지 입구에 있는 전봇대 하나 때문에 대형 트럭이 커브도 돌 수 없는 상황을 목격했었는데 아마 지금까지도 방치되고 있을 것"이라고 일갈했다. 비상이 걸린 관련자들은 즉시 현장으로 달려가 사실임을 확인한 후 그 다음날로 전봇대를 뽑았고, 신문사들은 전봇대 뽑는 장면의 사진을 크게 보도했다. 한동안 이 전봇대 사진은 이명박 시대의 규제 철폐 의지를 표현하는 상징물로 회자됐다. 기업들이 겪는 세세한 애로 사항까지도 대통령이 샅샅이 파악하고 있다는 점에서 제법 신선한 충격이기도 했다.

집권 초기의 이명박은 '활기찬 시장경제'를 모토로 기업 칭찬에 주저함이 없었다. 경제의 근간은 어디까지나 민간 기업이라는 인식이 확고했고, 특히 대기업의 역할이 중요하다고 여겼다. 친재벌이라는 비판도 개의치 않았다. 오히려 한 술 더 떠서 지난 정권에서의 반기업 정서와 부자에 대한 부정적 이미지를 적극적으로 바로 잡겠다는 소신을 당당히 밝혔다.

이명박은 70대 나이에도 불구하고 주변 사람들이 혀를 내두를 정도로 부지런하고 정열적이었으며, '월화수목금금금'이라고 할 정도로 휴일도 없이 일을 하였다. 그는 기업의 생산성이 CEO 하기에 달렸음을 굳게 믿었기 때문에 나라 운영의 대통령의 리더십도 CEO 리더십과 다를 바 없다고 생각했다. 이미 서울시장 시절 많은 반대를 무릅쓰고 성공시킨 청계천 복원 사업과 버스 중앙차선 정책들이 모두 기업에서 익힌 경영 노하우와 리더십의 결실이라 확신했다.

집권 초기의 이명박은 이처럼 '성공한 기업인' '성공한 서울시장'이란 이미지를 바탕으로 매사에 자신만만했다. 사소한 부분까지 실무자들로부터 일일이 보고받고 지시해야 직성이 풀렸다. "내가 해 봐서 아는데……"라면서 현안 문제들을 따지기 시작하면 보고가 서너 시간을 넘기기가 일쑤였으니 보고자들은 애를 먹었다.

그는 관료들에 대해 부정적인 선입견이 있었다. 특히 재무부와 금융계에 대한 반감은 매우 노골적이었다. 그는 기업에 있을 때부터 관치금융의 습성에 젖어 있는 재무 관료에 대한 불신이 깊었다. 이명박 정권의 첫 금융위원장 자리에 뜻밖의 인물인 전광우를 발탁한 것도 이러한 불신 때문이었다. 원래 주변에서 금융행정 경험이 풍부한 재무관료 출신을 천거했으나 "재무관료 출신은 안 된다."라는 대통령의 기본 입장이 결정적으로 작용한 것이다.

대운하 계획 추진이나 4대강 사업 또한 이명박의 확신에서 비롯된 것이기도 했다. 4대강 사업의 경제적 타당성을 주제로 한 TV토론에 출연한 이명박은 "토목공사는 내가 최고의 전문가 아니냐."라며 비판론자들의 '비전문성'을 반박하기도 했다.

이명박은 자신이 실무에 밝다는 점을 자주 내세웠다. 자원개발이나 원자력발전소 건설 수주 같은 사업도 직접 나서길 좋아했고 실제로 효과를 보기도 했다. 한국경제의 새로운 성장 동력으로 추진됐던 '녹색 성장' 개념 또한 이명박이 적극적으로 나섰기에 세계적으로 주목받을 수 있었다. 그는 국정 전반을 조감하고 총괄한다기보다, 개별 프로젝트의 책임 매니저 같이 자신의 에너지를 쏟아 붓는 스타일이었다.

촛불이 횃불로 번지다

선거로 당선된 대통령이 소위 말하는 '허니문 기간'은 고사하고, 출범 초기부터 정권퇴진이 거론될 정도로 지독한 비판의 도마에 올랐던 대통령이 과거에 있었던가. 새 정권이 들어선지 불과 3개월도 안 된 시점에서 터진 '광우병 쇠고기 사태'는 막 시작한 이명박 정부의 권위와 체통을 결정적으로 훼손했다. 여고생 몇 명의 촛불 시위로 시작된 것이 부지불식간에 '횃불'로 번지면서 나라 전체를 무정부 상태로까지 몰아갔던 것이다. 이명박의 대(對)국민사과문이 당시의 급박한 상황을 말해 준다.

"저는 6월 10일 광화문 일대가 촛불로 밝혀졌던 그 밤에 청와대 뒷산에 올라가 끝없이 이어진 촛불을 바라보았습니다. 시위대의 함성과 함께 제가 오래전부터 즐겨 부르던 '아침이슬'의 노랫소리도 들려 왔습니다. 캄캄한 산 중턱에 홀로 앉아서 …… 국민을 편안하게 모시지 못한 저 자신을 자책했습니다. …… 오늘 제가 이 자리에 선 것은 국민 여러분께 그간의 사정을 솔직히 설명하고, 이해를 구하고, 또 사과하려는 것입니다. ……— 미국산 쇠고기 수입을 계속 거부하면 한미 FTA가 연내에 처리될 가능성은 거의 없다고 보았습니다. …… 그러다 보니 식탁 안전에 대한 국민의 요구를 꼼꼼히 헤아리지 못했습니다. …… 저와 정부는 이점에 뼈저리게 반성하고 있습니다. …… 국민이 원하지 않는 한 월령 30개월 이상 된 미국산 쇠고기가 우리 식탁에 오르는 일은 결코 없도록 할 것입니다. …… 취임 두 달 만에 맞은 이번 일을 통해 얻은 교훈을 재임기간 내내 되새기면서 국정에 임하겠습니다. 국민과 소통하면서, 국민과 함께 가겠습니다. …… 청와대 비서진은 시작하는 마음으로 대폭 개편하겠습니다. 내각도 개편하겠습니다. 대선 공약이었던 대운하사업도 국민이 반대한다면 추진하지 않겠습니다."

이날의 사과문은 일종의 항복 연설 같았다. 이명박은 정책도 잘못했고, 사람도 잘못 썼음을 체면 불고하고 몽땅 시인했다. 새 정부의 권위와 체통은 말이 아니었다. 정권 출범 2개월 만에 어찌해서 이런 일이 벌어졌던 것인가.

이명박 정권의 출범은 이처럼 매우 불행하게 시작됐다. 아무도 예상치 못한 재앙이었다. 좀 더 소통에 신중했더라면 그처럼 나라가 뿌리째 흔들리지는 않았을 것이다.

원래 미국산 쇠고기 수입 협상은 노무현 정권 때 시작해서 마무리 단계였으나, 새 정부가 미국과의 FTA 체결을 서두는 과정에서 빚어진 문제였다. 더구나 이명박의 방미 일정은 대통령 취임 이전부터 잡혀 있었고, 일정에 맞춰 모양새 좋게 신속히 마무리 지으려다가 전혀 예상치 못한 화를 부른 것이다.

이는 이명박의 기본 노선에서부터 비롯된 문제였다. 그는 노무현 정권의 대미 관계 설정이 매우 잘못됐다고 판단했고, 자신은 보다 적극적으로 친미 정책을 펴야 한다는 입장이었다. 그 첫 걸음이 취임 직후 워싱턴에 있을 부시 미국 대통령과의 정상회담이었고, 이참에 FTA 문제를 매듭짓기로 전략을 짰던 것이다. 쇠고기 협상 문제도 이런 맥락에서 서둘렀고, 한미 양측의 수입개방 합의가 전격적으로 이뤄진 것도 한미정상회담(2008년 4월19일) 하루 전이었다.

광우병에 대한 우려는 쇠고기 수입 개방이 확대될 때마다 등장했던 단골 이슈였는데, 이번에도 야당과 일부 시민단체들이 반발했고, 고등학생들이 촛불을 켜들고 소규모 거리 시위를 했다. 그랬던 것이 MBC 'PD수첩'의 '미국산 쇠고기, 과연 광우병에서 안전한가?'라는 특집 프로그램이 방영되면서 상황이 확 달라졌다. 광우병 감염 우려가 높은 미국산 쇠고기가 식탁에 오르게 됐다는 내용이 보도되면서 민심은 동요하기 시작했다. 보도 내용의 사실여부에 대한 법적 시비는 나중 일이고 당장 시위의 파장은 걷잡을 수 없이 번졌다. 더구나 인터넷 포털과 SNS를 통해 여과 없이 확산되는 촛불의 위세는 삽시간에 엄청난 횃불로 변했다. 뒤늦게 부랴부랴 협상당국자가 해명에 나서고 장관이 기자회견을 통해 사태수습에 나섰으나 소용없었다. 5월 초부터 서울 광화문의 청계천 광장을 중심으로 연일 미국과의 재협상을 촉구하는 시위가 계속 됐다. 일부 시위대는 청와대로 몰려갔고, 밤마다 전국적으로 수십 만 명의 대규모 시위도 일어났다.

이처럼 무정부 상태를 방불케 할 정도로 사태를 악화시킨 원인은 무엇이었을까. 애당초 쇠고기 협상 자체를 광우병 시비가 일지 않도록 잘 해야 했었지만, 촛불 시위에 대한 초기 대응부터가 문제였다.

우선 SNS의 위력적인 전파력을 미처 깨닫지 못한 것이 큰 실수였다. 이명박 정부는 촛불 시위를 대수롭지 않게 여겼다. 아날로그 시대의 종이 신문에 익숙했던 권력의 핵심 인사들은 사이버 공간에서 매체 혁신을 주도하는 인터넷 포털의 위력에 무지했던 것이다. 게다가 이 같은 움직임을 '좌파들의 불법 시위'라고 단순하게 규정했다. 따라서 한미 쇠고기 협상 자체에 대한 문제 파악 노력은 제쳐놓고, 치안 차원에서 집단 시위를 엄히 다스려야 한다는 것이 대통령뿐 아니라 국무총리 한승수, 대통령의 형 이상득, 방통위원장 최시중 등 소위 실력자들의 공통된 인식이었다. 최고 상층부의 분위기가 이러했기에 시위에 대한 정부 차원의 대응이 그릇된 인식 아래 치밀하지 못했다. 결국 물리적 진압이 한계에 부딪히자 사건은 통제 불능 사태로 치달았던 것이다.

청와대는 무기력하기 짝이 없었다. 야당과 시민단체의 공격에 굴복하는 항복문서나 다름없는 사과문을 발표해야 했고, 그것에 더해 집권 첫 인사를 불과 3개월 만에 송두리째 바꿔야 하는 수모를 겪었다. 이로 인해 'MB노믹스'의 추진 일정은 초장부터 크게 빗나갈 수밖에 없었다. 더구나 촛불 시위의 위세가 어느 정도 수습국면에 들어서자 '미국발 금융위기'와 '제3차 석유파동'이 터져 나오면서 이명박 정권은 또다시 격랑 속으로 빠져들었다. 운으로 치면 이명박 정부는 억세게 운이 나쁜 케이스였다.

이룩도 못한 채 추락한 747 정책

이명박 정부의 경제 정책 골간을 담은 소위 '747 공약'은 공교롭게도 15년 전 김영삼 정부의 '신경제 5개년계획'의 운명과 매우 흡사했다. 대통령이 후보 시절부터 많은 참모와 오랫동안 준비한 것이라든지, 집권 직후 각종 개혁적 변화를 다짐했음에도 얼마 안 가 흐지부지된 것 등이 그랬다. 비행기에 비유됐던 747 공약은 그럴듯한 청사진이었고, 악화일로의 성장 동력에 다시 불을 지펴야 하는 당시의 고민을 단적으로 반영한 것이었다.

이명박이 대통령에 취임하면서 친기업을 표방하고 나섰을 당시, 처음부터 여론이 747 공약에 등을 돌린 것은 아니었다. 감세 정책 역시 마찬가지였다. 반기업 정서가 심해지고 경쟁력 강화에 소홀해서는 안 된다는 반성 기류가 강했다. 기업을 핍박할 게 아니라 격려해야 일자리도 늘어난다는 주장이 새삼 설득력을 얻었다. 공기업 개혁을 약속하고 시장원리를 적극적으로 창달하겠다는 공약들이 제법 먹혀들었다. 슬로건 자체가 '노동자가 대우 잘 받는 나라'에서 '기업하기 좋은 나라'로 바뀐 셈이었다.

그랬기에 기업인 출신이 많은 표를 던졌던 것이다. 이명박은 전임 참여정부와의 차별화를 분명히 했고, 유권자들은 그런 그를 대통령에 당선시켰다. 따라서 그가 대통령에 취임해서 다수 국민으로부터 지지를 받은 747 공약을 강력히 추진하는 것은 지극히 당연한 일이었다. 심지어 이명박 정책 중 가장 심한 지탄을 받아 결국 포기를 선언했던 '대운하 사업'도 선거공약에 버젓이 포함되어 있었던 것이다.

이명박은 취임 초기부터 경제관련 직속 기구를 많이 만들었다. 국가경쟁력강화위원회와 국가브랜드위원회 등 경제관련 기구들을 대통령 직속으로 거느렸다. 그는 경제가 활기를 잃게 된 것은 전임 대통령이 경제를 너무 소홀히 봤던 탓이라고 보았기에, 경제를 회복시키는 일도 자신이 직접 나서서 챙겨야 한다는 생각이 강했다.

제1차 국가고용전략회의(2010년 1월 21일). 이명박은 매사에 생산성을 중시하는 CEO 출신다운 새로운 면모를 보였다.

그러나 기세 좋게 출발한 MB노믹스는 십리도 못 가서 발병이 났다. 정권 출범 3개월 만에 터진 촛불 시위로 대통령의 권위가 실추된 것을 시작으로, 미국발 금융위기 국제 석윳값 폭등 그리고 유럽발 세계경제위기로 이어지는 대외여건 악화는 성장촉진에 초점을 맞춘 747 공약을 초장에 주저앉혔던 것이다. 세계경제가 구조적 불황에 빠져든 판국에 성장을 모토로 하는 747 공약이 무위로 돌아간 것은 어찌 보면 당연한 일이었다.

오히려 역풍이 불기 시작했다. 747 공약은 졸지에 '나쁜 정책'으로 전락했다. 경제가 나빠지면 당연히 투자 촉진책을 먼저 쓰기 마련인데, 정반대 현상이 벌어진 것이다. 종전의 경기부양 정책이 기업특혜 정책으로 매도되는 분위기 속에서 이제는 지속성장을 위해 분배와 복지 정책을 강화해야 한다는 주장이 힘을 얻었다. 마치 다시 참여정부로 회귀하는 것 같은 분위기가 연출되고 있었다.

원인이 어디 있든 간에 여론은 급속히 이명박 정권을 비난하는 쪽으로 기울었다. 대외여건 악화를 극복하는 과정에서 추진했던 기업지원책만 비판의 도마에 올랐다. 양극화 심화에 대한 불만은 불처럼 일어났고, 정부는 리더십을 상실한 채 여론의 향배에 따라 우왕좌왕했다. 결국 2011년 지방선거에서 여당이 크게 패배하자 이명박 정부의 정치적 리더십은 더욱 망가졌다.

지방자치단체는 물론이고 교육감 선거에 이르기까지 반(反)이명박 세력이 대거 들어섰다. 마침 미국 월스트리트에서 양극화의 세계적 현상을 비난하는 '1 대 99 시위' 바람이 한국에까지 불어 닥쳤다. 2009년 금융위기를 계기로 자본주의의 위기 현상이 세계적 화두로 대두되었고, 한국의 정책 기조에 큰 영향을 미친 것이다. 실제로 IT발전과 지식기반산업을 중심으로 한 산업구조 변화 현상은 한국뿐 아니라 세계적으로도 양극화 현상을 심화시켰다.

어쨌거나 국내의 양극화 해소 투쟁은 뉴욕의 1 대 99 시위를 계기로 '국제적 공인'을 받은 셈이 됐다. 힘을 받은 노동계와 시민단체 그리고 야당 정치인들이 하나가 되어 정부를 공격하자 MB노믹스는 더 이상 발붙일 데가 없었다. 세계의 선진 자본주의 국가들이 급기야 자본주의의 위기임을 공감하고 양극화 해소가 시급하다고 합의하는 판에 이명박의 친기업적 성장주도 정책은 졸지에 나쁜 정책으로 치부되고 만 것이다.

정치권은 '복지 우선'을 들고 나서며 정부를 압박했다. 복지 정책의 핵심 쟁점이어야 할 비용에 관한 논의는 누구도 제기하지 못했다. '복지비용을 따지는 것은 복지를 하지 말자는 것'이라는 흑백 논리가 팽배했다.

여당마저 이명박 정권에 등을 돌렸다. 반값 등록금 정책은 여당의 원내총무 입에서 먼저 시작됐고, 무상급식 문제로 서울시장이 바뀌었다. 여야 할 것 없이 MB노믹스 비판에 날을 세웠다. 김대중이 제기했고 노무현 시대에까지 널리 통용됐던 '생산적 복지'라는 단어가 이명박 시대에 와서 사라지고, 이때부터 '보편적 복지' 또는 '무상 복지'라는 말이 일반화되었다.

어느 순간부터 이명박 정부는 슬그머니 성장이라는 말을 접었다. 시민단체, 노동계, 정치권에서 요구하는 대로 감세 정책을 철회하고 복지 정책 강화방안을 대폭 수용하는 쪽으로 정책 방향을 선회했다. 애초의 MB노믹스는 완전히 자취를 감춰버렸다.

집권 3년 차인 2011년 후반기에 접어들면서부터는 이것이 이명박 정부의 정책이 맞나 싶을 정도로 완전히 달라졌다. 기업의 자율적 고용 정책에 맡기겠다던 비정규직 문제에 정부가 직접 개입을 선언했고, 소극적 내지는 반대 입장을 취하던 무상급식, 무상보육 문제에 대해서도 적극 추진으로 입장을 전환했다.

야당의 공격은 그렇다 치고, 한나라당에서 새누리당으로 이름까지 바꾼 여당의 압박도 이명박 정부의 운신을 더욱 어렵게 했다. 환경과 여건 변화에 따라 정책은 얼마든지 바뀔 수 있으나 이명박 정부는 아무런 설명도 없이 어느 날 슬그머니

꼬리를 내렸던 것이다.

부자 감세(減稅)로 몰린 종합부동산세제 개편

MB노믹스의 첫 번째 과제는 노무현 정책을 뒤엎는 일이었다. 전임 정권이 투하했던 이른바 '세금 폭탄'의 뇌관을 해체하고 제거하는 작업부터 착수했다. 종합부동산세 폐지 시도가 대표적인 예다. 2005년 노무현 정부가 부동산 투기를 잡기 위해 강력한 세금 정책으로 실시한 것이 종합부동산세 도입이었다. 일정 규모 이상의 땅과 집에 대해서는 기존의 재산세 말고도 고율의 누진세를 추가로 매기는 것이었다. 부동산에 매기는 일종의 부유세였다.

부동산투기를 뿌리 뽑는 근본 처방으로 무거운 세금을 징벌적으로 부과하는 정책을 써야 한다는 것이 노무현 정부 핵심 세력들의 판단이었다. 그러한 취지로 만들어진 대표적인 세금이 종합부동산세였고, 시비와 논란이 많았으나 워낙 부동산값이 폭등하고 있던 때여서 무난하게 국회를 통과했으며, 2005년부터 실시됐다. 그 다음 해에는 적용한도를 더 넓히는 등 세금 폭탄의 강도를 더 높이기까지 했다.

그러나 부동산값이 안정을 지나 폭락의 길로 접어들면서 종합부동산세에 대한 비판이 고개를 들었다. 이명박은 선거

공약에서도 종합부동산세를 꼭 손보겠다고 다짐했다. 종합부동산세 개편에 앞장선 인물이 MB노믹스의 지휘자였던 측근 강만수였다. 그는 원래 경주 세무서장으로 시작한 경제 관료 출신 세금통으로 '종합부동산세는 말도 안 되는 세금'이고 비판했었고, 오래전부터 이명박에게 종합부동산세 개편 대해 강조했었고, 이 점을 후보시절부터 이명박에게 누누이 강조했었다. 더구나 공직에서 물러나 10년 동안 소득도 없는 상태에서 거액의 세금을 내야 했던 자신의 사례까지 내세우며 종합부동산세의 부당성을 주장했었다. 단순한 조세저항 차원이 아니라 기본적으로 잘못된 세금이라는 것이 강만수의 기본인식이었다.

그런 그가 기획재정부 장관이 되었으니 당연히 종합부동산세 폐지 정책을 들고 나섰다. 그러나 법을 고쳐 막상 이를 실천에 옮기려 하자, 심한 저항에 부딪쳐야 했다. 가뜩이나 안팎으로 '이명박 정부는 강부자(강남 땅부자) 정권'이라고 비난받는 상황에서 종합토지세를 폐지하거나 약화시킬 경우 정치적으로 도저히 감당할 수 없다는 판단이 지배적이었다. 기획재정부 실무자들조차 개편에 소극적이었고, 여당에서도 반대했다. 청와대 비서실장 임태희와 경제수석 박병원도 종합부동산세에 문제가 있다는 점에는 동의하지만, 정치적 환경을 감안해서 단계적으로 추진하자는 입장이었다. 그러나 재정경제부 장관 강만수 한 사람을 당해내지 못했다. 강만수는 대통령이 직접 주재한 청와대 회의에서 난상토의를 벌였고, 다수가 점진론·신중론을 폈으나 끝내 대통령을 설득시켰다. 다소 저항이 있더라도 종합부동산제를 폐지하는 쪽으로 가야 한다는 것이었다.

2008년 9월, 정부 차원에서 세제개편안을 발표했고, 우여곡절 끝에 정부와 여당이 종합부동산세를 대폭 완화시키는 내용의 개정안을 만들었다. 우선 당장 과세 대상을 주택의 경우 기준시가 6억 원 이상에서 9억 원 이상으로 높이고 적용 세율도 낮추는 것을 골자로 대폭 완화하고, 중·장기적으로는 종합부동산세 자체를 폐지해서 재산세에 흡수 통합한다는 것이다.

그러나 세제개편안이 국회로 넘어가면서 야당과 시민단체들은 '부자 감세'라며 총공세를 시작했다. 대통령까지 직접 나서서 "정부의 종합부동산세 개편은 부자를 위한 감세가 아니라, 잘못된 세금 체계를 바로 잡기 위한 것"이라고 해명했으나 별로 효과가 없었다.

지방자치단체들도 거세게 반발했다. 종합부동산세가 줄어들면 지방자치단체의 세금 수입도 줄어들기 때문이었다. 개편안대로 되면 당장 연간 세수가 3조 원에서 1조 원 아래로 떨어지게 되어 있었다.

강만수의 반(反)종합부동산세 정책에 결정적으로 힘을 실어 준 것은 헌법재판소의 판결이었다. 2008년 11월 13일, 헌법재판소가 '종합부동산세의 세대별 합산 규정은 위헌이며, 1주택 장기보유자 부과는 헌법불합치'라는 판결을 내린 것이다. 국회에서 고전을 면치 못하던 정부로서는 구세주를 만난 셈이었고, 그해 말 가까스로 13개 감세법안 통과에 성공했다.

예상대로 종합부동산세의 세수는 2009년에 1조 2,000억 원, 2010년에 1조 원으로 빠른 속도로 줄었다. 비록 완전히 폐지되지는 않았지만, 종합부동산세를 처음 만들었을 때의 위세는 완전히 꺾였다. 당시의 정치적 판세나 여론으로 볼 때 기획재정부 장관 강만수의 앞뒤 가리지 않는 추진력이 아니고서는 불가능한 일이었다는 것이 세제 개편에 참여했던 실무자들의 증언이다.

하지만 이명박 정부가 종합부동산세의 힘을 빼는 과정에서 입은 정치적 상처는 결코 간단치 않았다. 야당과 시민단체, 노조로부터 '부자 감세 정부'라며 정치적으로 매도당하는 곤욕을 집권 내내 겪어야 했다.

MB 인사의 한계

경제성장이 뜻대로 되지 않은 것이야 국제 환경 탓으로 돌릴 수도 있었다. 그러나 집권 중에 겪었던 비판적 여론은 MB

노믹스 자체보다 대부분 이명박의 인사에 대한 것이었다. 역대 정권마다 국회 인사청문회 과정을 둘러싸고 호되게 고생했지만, 이명박 정부 때는 유독 심했다. 정권 후반기에는 좀 나아졌으나 집권 초기의 인사는 여론의 뭇매에 정신을 차리지 못할 지경이었다.

사실 MB노믹스의 성공과 실패를 논하기 전에 '누구를 중심으로 어떻게 추진하려했는가.' 하는 점 또한 중요하다. 똑같은 정책이라도 누가 주도하는가에 따라 여론의 찬반이 엇갈리는 경우가 자주 있기 때문이다. 그런 뜻에서 MB노믹스의 고전(苦戰)은 이명박의 인사와 깊은 연관성이 있다. 그는 어떤 인사를 구상했으며, 특히 어떤 인물들을 등용해서 자신의 경제 정책을 펴려 했던 것인가.

선거 캠프 때부터 MB노믹스를 구상하고 가까이에서 이명박의 생각을 정리한 대표선수는 단연 강만수다. 그는 재무관료 출신으로 이명박과는 소망교회 교우이며, 서울시장의 싱크탱크 역할을 했던 서울시정연구원장 시절에 백용호, 박재완, 곽승준 등 학자출신 인사와 함께 소위 '747'로 명명한 MB노믹스의 기본 틀을 완성시킨 주역이었다. 이명박은 대통령에 당선되자 당연히 강만수에게 첫 기획재정부 장관을 맡겼고, 유우익 비서실장, 곽승준 국정기획수석, 백영호 공정거래위원장, 박재완 정무수석 등으로 포진했다. 그는 첫 총리까지도 경제부총리 출신인 한승수를 기용해 '경제 우선' 정권임을 확실하게 내보였다. 선거 캠프 밖의 인물로는 전두환과 노태우 시대의 경제수석과 재무부 장관이었던 사공일이 국가경쟁력강화위원회 위원장이라는 자리를 통해 이명박을 도왔다.

이명박의 용인술은 처음부터 고전을 면치 못했다. 정권 출범 초기에 촛불 사태로 당황한 이명박은 취임 4개월 만에 대통령 비서실장을 비롯한 7명의 수석비서관을 경질했다. 촛불 사태와 관련된 장관 중심의 문책 차원이 아니라 청와대 최측근들을 모조리 갈아치운 것이니, 이명박 인사가 시작부터 '문제 있음'을 대통령 스스로 인정한 셈이었다.

그러나 이명박은 유난히도 자주 인사문제로 비판받았음에도 특유의 자기 스타일 인사를 고집했다. 경제 분야 인사는 '내가 최고의 전문가'라고 확신했기에, '누구를 등용하느냐'보다도 '누구를 시키든 내가 직접 챙긴다.'라는 식이었다. 부총리를 통해 경제부처 장관들을 통괄하거나, 경제수석에게 부처 간의 이견 조율을 맡기는 것이 아니었다. 경제 각료들의 팀플레이나 장관 중심의 정책 운용은 애당초 없었다. 이명박은 부총리 제도를 폐지하고 주요 사안들을 직접 챙겼다. 선거 캠프 때부터 중심 역할을 했던 강만수를 첫 기획재정부 장관에 앉혔으나 경제부처의 총괄이나 통솔과는 거리가 멀었다. 기획재정부 장관이 뭐라 하던 보건복지부 장관이나 국토해양부

장관은 아랑곳없이 대통령과 직접 의견을 나누거나 따로 움직이는 경우가 많았다.

이 같은 이명박의 진두지휘는 미국발 금융위기에 처해서 일사불란하게 비상회의를 꾸려 나가는 과정에서는 효과적이었다. 하지만 MB 인사는 고전의 연속이었다. 단순한 인사 스타일 차원이 아니라 구조적 문제였다.

첫 번째가 도덕성 시비였다. 당선자 시절의 첫 국회청문회 과정에서부터 이명박 정권은 도덕성에 심각한 타격을 입었다. 소위 '고소영' '강부자'라는 신조어가 회자되는 가운데 '부자와 재벌을 위한 정부'라며 몰아붙이는 야당의 공세는 상당한 설득력을 발휘했다. MB 인사가 고려대학교 출신, 소망교회 교우, 영남지역 인사에 쏠려 있음을 비아냥거리는 데서 나온 것이었다.

국회 청문회에서는 청문 대상자의 자격이나 능력 검증은 뒷전이었다. 청문회가 개인적인 치부 들추기 위주의 도덕성 검증에 치중했음에도 이명박은 이점을 너무 소홀히 대처했다. "재산이 많은 게 무슨 잘못인가. 부자가 존경받는 사회가 돼야 한다."라는 그의 소신은 너무 나이브했다. 축재의 정당성을 따지는 사회적 요구가 얼마나 엄격해졌는가에 대한 인식이 부족했다는 것을 단적으로 보여준다.

장관 후보들은 청문회 석상에서 정책 소신에 관해 말도 꺼내기 전에 탈세나 위장전입 등 부동산 거래관련 위법 문제로 추궁당하는 바람에 과거 어느 정권보다도 심하게 망신을 당했다.

편향성 문제 또한 심한 저항을 자초했다. 전임자 노무현이 너무 좌파 성향에 치우쳤다면, 후임 이명박은 그와 반대로 지나치게 우파 일색으로 밀어붙였다. 게다가 측근 중심의 '회전문 인사'와 '정실 인사'는 이념적 성향 시비와 상관없이 정책 전반의 권위와 대통령의 리더십을 실추시켰다. 대표적인 사례가 공기업 인사였다.

공기업 CEO의 선출은 '추천위원회'라는 공식 절차를 거치도록 했으나 요식에 불과했다. 대통령 측근을 비롯한 실세들이 인사를 좌지우지하는 것은 전임 정부보다 더 심했다. 노무현 정부 역시 친노 중심의 편파 인사가 없지 않았으나, 이를 시정하겠다고 다짐했던 이명박 정부는 법으로 보장된 임기를 무시하면서까지 노골적이었던 것이다. 민간인 사찰 문제를 야기했던 '이영호 스캔들'이 MB 인사의 어처구니없는 한 단면이었다.

사람을 등용하는 것뿐 아니라, 등용된 사람을 잘 쓰는 것 또한 중요한 법이다. 특히 이해관계의 첨예한 대립이 잦은 경제부처 장관들은 조정과 타협이 전제돼야 소기의 정책이 효과를 낼 수 있다. 그런 면에서도 이명박의 경제팀은 좋은 점수를 받을 수 없었다. 경제 여건도 나빴지만 장관들끼리의 팀워크도 좋지 않았다.

기획재정부 장관인 강만수와 한은총재 이성태는 환율 정책을 놓고 대립하는 것으로 언론의 입방아에 오르내리기 일쑤였고, 경제수석의 보좌 기능도 갈피를 잡지 못했다. 촛불 사태와 국제 금융위기 사태까지 잇달아 벌어지면서, 이명박 정권 경제장관들의 권위나 영향력은 크게 추락했다. 기획재정부 장관이 윤증현에서 박재완으로 이어지면서 다소 나아졌으나 전반적으로 총괄 기능이 박약했다. '영리 병원제도'의 도입 문제만 해도 기획재정부 장관은 강력히 추진했으나 보건복지부 장관이 반대하는 바람에 맥없이 무산됐다. 국무회의에서 장관들이 민감한 사안을 놓고 갑론을박으로 맞설 경우 대통령이 나서서 최종 결론을 내려야 하는데, 정작 결단이 필요할 때 이명박은 우유부단했다.

스스로가 '일 중독자'임을 자처한 이명박 대통령은 '인사'에는 매우 소극적이었다. 자신과 함께 일해 보지 않은 사람에 대해서는 여간해서 믿고 맡기려 하지 않았다. 결과적으로 인재 등용의 풀(pool)이 작을 수밖에 없었다.

국내와 국외의 엇갈린 평가

역대 대통령들은 대체로 국내보다 외국에서의 평판이 더 좋다. 이명박도 그랬다. 국내에서는 747 공약의 좌절이나 촛불 사태 등으로 지지도가 급속히 떨어졌지만, 해외에서는 미국발 금융위기와 석유파동, 유럽의 재정위기 등을 성공적으로 극복한 지도자로 그를 치켜세웠다. G20 정상회담 서울 개최를 주도함으로써 제2차 세계대전 이후 세계경제를 이끌던 G7 체제가 새롭게 진화하는 길목에서 한국의 국제적 위상을 괄목상대로 끌어올렸다는 점 또한 객관적으로 평가받을 만했다.

2008년 이명박 정권 출범 당시만 해도 미국의 금융위기가 그처럼 심각하게 터질 줄 전혀 몰랐다. 일부 신중론자들 사이에서 금융 시장 동태가 심상찮다는 의견만 있을 정도였다. 대통령 취임 직후 기획재정부가 청와대에 보고한 내용도 "선진국 경제가 둔화되고 있으나 중국·인도 등의 성장세가 이를 보충해 줄 것"이라고 낙관론을 폈다. 나라를 통째로 뒤흔들었던 촛불 사태도 어렵사리 진정되는 국면이라 이명박은 이제 막 경제 대통령의 진면목을 내보이려던 참이었다.

그러나 월스트리트의 분위기는 하루가 다르게 뒤숭숭해졌다. 9월 1일 자 영국 일간지 「타임스」가 "한국이 검은 9월을 향하고 있다."라고 보도했을 때만 해도 사람들은 이게 무슨 소린가 했다. 1997년의 외환 위기가 또 닥친다는 말인가. 이 기사는 '국제금융시장이 불안한 상황에서 과연 한국이 안정적으로 외자조달을 해 낼 수 있겠는가?' 하는 의문을 던진 것이었다. 그렇지 않아도 정부는 곧 만기가 돌아오는 외평채(외국환평형기금채권) 상환을 위해 10억 달러 규모의 신규 발행을 준비하고 있던 참이었다.

외국 언론이 제기한 '9월 위기설'의 파장은 컸다. 한국에 대한 국제금융시장의 시각이 옳고 그름을 떠나서, 그들이 한국 경제를 심상찮게 보고 있다는 것이 문제였다. 그러자 정부도 비상이 걸렸다. 강만수 기획재정부 장관은 서둘러 유럽, 홍콩 등에 외평채 발행을 위한 로드쇼 팀을 보냈다. 이들에게 주어진 지침은 "기준금리에 덧붙여지는 가산금리 조건을 어떻게 해서라도 2%를 넘기지 마라."라는 것이었다. 강만수 장관이나 파견된 실무자들도 2%의 가산 금리면 10억 달러 외평채 발행은 쉽게 이뤄질 것으로 자신했다. 그러나 하루가 다르게 불안한 국제금융시장의 큰손들은 가산 금리를 2.5~3.0%까지 요구했다. 지휘봉을 잡았던 강만수는 결국 '빈손 귀국'을 지시할 수밖에 없었다. 한국이 외평채 발행을 시도하다가 실패한 것은 처음이었다. 그는 당시 상황을 다음과 같이 회고했다.

"외평채를 연 2.5% 이상의 가산 금리로 발행할 수는 없

다고 판단했다. 한국이 그렇게 높은 금리로 국채를 발행하
면 시장에 '한국이 얼마나 급했으면……' 하는 나쁜 사인을
줄 수 있었다."

'9월 위기설'의 진원지는 한국이 아니라 미국이었다. 2008년
9월 15일, 세계적인 글로벌 투자은행(IB)인 리먼 브러더스
(Lehman Brothers)가 파산신청 내면서 '미국발 금융위기'가 촉발
됐다. '외평채 발행의 가산 금리를 몇 %로 하느냐.' 하는 차원
의 문제가 아니었다. 세계 경제의 중심인 미국 기업들이 무너
지고 있었다. 한국 경제가 제아무리 멀쩡하다 해도 다급해진
외국 기업들이 앞 다투어 한국에 투자했던 돈을 빼가는 바람
에 어느날 갑자기 난리가 난 것이다. 외환은행을 인수키로 했
던 HSBC가 막판에 인수를 포기한 것도 이 무렵이었다.

환율은 폭등하고 주가는 폭락했다. 급속히 악화되는 경제
상황만 따지면 1997년 외환위기에 버금갈 정도로 심각했으
나 정부 대처는 한결 일사불란하게 움직였다. 대통령은 진두
지휘에 나섰고, 정부와 중앙은행은 미국을 설득시켜 300억 달
러 규모의 '통화 스와프(다급할 때 달러를 융통할 수 있는 국가간 협
정)'를 얻어냈다. 중국·일본과도 통화 스와프를 체결했다. 외
환보유고가 바닥이 나서 과거와 같은 낭패를 당하는 사태를
막는 데는 일단 성공한 것이다.

이명박은 급한 고비를 넘기자 '비상경제 정부'임을 천명하였고, 자금난에 봉착한 기업의 CEO처럼 민첩하게 대응해 나갔다. 2009년 벽두부터는 아예 '비상경제대책회의'라는 상설기구를 만들어서 매주 회의를 주재했다. 그는 전시작전상황실을 뜻하는 워룸(War Room)을 청와대에 설치해서 금융 시장 상황뿐 아니라 기업들의 애로상황까지 일일이 점검했다. 1997년 외환위기 때 겪었던 쓰라린 체험을 바탕으로 대통령을 비롯해 관료, 은행에 이르기까지 모든 부문이 신속하게 움직였다. 이명박 정부가 G20 정상회담을 서울에 유치할 수 있던 배경에는 대통령을 중심으로 한 위기극복 성공 사례를 국제적으로 인정받았던 덕분이었다.

아무튼 이명박 경제는 2009년 동안 내내 미국발 금융위기의 대혼란 속에서 한국경제를 구출하는 일에 올인해야 했다. 이처럼 정부 출범가 출범했던 2008년부터 이듬해인 2009년까지 광우병 사태와 국제 금융위기, 게다가 제3차 석유파동까지 겪어야 했으니 747 공약은 제대로 추진할 겨를도 없었다. 그나마 위기에서 벗어나나 했는데, 2011년부터 그리스를 시작으로 한 남유럽 국가들의 재정위기가 연이어 덮쳤다. 대외 여건만 보면 이명박 경제는 유난히도 나쁜 상황이 끊이지 않고 계속되었던 셈이다.

사실 대외 의존도가 높은 한국경제로서는 이 같은 외부 악재들에 대해 어찌해볼 도리가 없었다. 그나마 한국은 대통령이 적극적인 리더십으로 대응을 잘 해서 다른 나라에 비해 타격을 한결 덜 입었다. 2009~2010년의 세계 평균 경제 성장률이 2.2%였던 것에 비해 한국 경제 성장률은 3.2%였다.

바로 이 점에서 국내 평가가 국제적 평가보다 훨씬 인색했다. 여론은 대부분 위기 극복을 주도한 이명박 리더십에 대해 긍정적인 시각보다 당초의 747 공약 실패를 비판했다. '대통령이 경제 운영을 잘해서 위기를 넘겼다.'라는 소리는 어디서도 들을 수 없었다. 일반의 관심은 위기 극복은 당연하고, 해결의 실마리를 찾지 못하는 일자리 문제, 다시 고개를 든 인플레이션, 서민들에게 직접적인 타격을 안겨주는 전세값 폭등 등 눈앞의 현안들이었다.

대운하와 4대강 사업

이명박은 역시 건설회사 사장 출신답게 '건설'에 대한 집념이 유난히 강했다. '짓고, 쌓고, 만들고, 뚫고, 세우는' 일체의 건설 프로젝트는 자신이 오랫동안 해 왔고, 또한 장기를 발휘해 온 분야였다. 서울시장 때의 청계천 사업이 대표적 성공사례다. 이명박은 TV토론에서 스스로 '토목공사는 내가 최고의 전문가'임을 주장하기도 했다. 그의 대표적인 정책들도 대운하 건설 추진, 4대강 사업, 세종시 수정계획 등이었다. 대운하 사업은 추진 초기에 여론의 십자포화를 얻어맞고 결국 중단했으나 이명박의 집념은 대단했다.

이명박은 한마디로 '건설 본능'이 강한 대통령이었다. 대운하 건설을 통한 정치적 의도가 무엇이었든 간에 이명박으로서는 국토개발, 치산치수(治山治水), 관광산업 육성 등에 대해 나름대로 확신을 가지고 고집스럽게 추진했다. 서울시장으로 '청계천의 기적'을 일궈냈던 것처럼 대통령이 되어서는 한반도 운하로 업적을 남기고자 했다. 그는 대통령에 취임하기 전, 인수위 때부터 한반도 대운하 전담팀을 설치해 특유의 추진력을 발휘하였다.

그러나 이명박은 서울시장과 대통령의 차이, 청계천과 대운하의 차이를 너무 소홀히 여겼다. 대운하 건설의 타당성 여부를 떠나, 찬성보다 반대의 목소리가 더 컸음에도 이를 감당할 준비나 역량이 부족했다. 그저 '내가 하면 된다.'라는 식이었다. 그는 대운하 건설이 얼마나 심각한 정치적 반발을 초래할지에 대한 충분한 통찰이 없었다. MB노믹스는 정권 초반에 이미 깊은 좌절을 경험해야 했다. 광우병 파동에 대한 대통령의 사과에 이어 "대운하 건설도 국민이 반대하면 추진하지 않겠다."라며 물러설 수밖에 없었다.

대운하 대신 이명박이 택한 차선(次善)은 '4대강(한강, 낙동

강, 영산강, 금강) 살리기' 사업이었다. 총사업비 22조 원 규모의
치수 사업으로서 홍수와 가뭄을 예방할 뿐 아니라, 이미 과거
정부들도 구체적으로 준비했던 사안이었다. 따라서 대운하를
포기한 이명박으로서는 4대강 사업쯤은 무난히 추진될 수 있
을 것으로 여겼다. 이명박 정부의 자존심이 걸린 프로젝트기
도 했다.

그러나 이 또한 순탄치 못했다. 야당과 시민단체, 노조들은
4대강 사업을 "여론의 반대를 피해 대운하 사업을 계속 추진
하기 위한 속임수"라고 매도하면서 "4대강 사업 자체가 환경
을 파괴하는 일"이라고 비난했다. 권위 실추를 거듭해 온 이
명박이었지만 4대강 사업만큼은 물러서지 않았다. '4대강 살
리기 기획단'을 설치한 이후 속전속결로 밀어붙인 결과, 착공
2년 만인 2011년 10월, 16개의 보를 완성함으로써 어렵사리
사업을 마무리 지었다. 정치적 비판과 수많은 우여곡절을 겪
었으나 4대강 사업만은 애초 자신의 계획대로 실천에 옮겼던
것이다.

4대강 사업에 대한 평가는 좀 더 시간이 필요하겠으나, 이
것이야말로 이명박 경제의 상징성을 가장 여실하게 드러내는
정책이다. 대운하 건설은 비록 좌절됐으나 4대강 사업의 완성
으로 이명박의 '건설 본능'은 어느 정도 충족된 셈이었다.

세종시 수정안의 좌초

이명박이 정치적 반대를 끝내 극복하지 못하고 깊은 상처만 입은 채 심각한 좌절을 경험한 케이스가 '세종시 수정안'이었다. 노무현 시대에서 살펴보았듯이 세종시의 탄생은 표에 묶인 정치적 결정의 소산이었다. 이명박도 대통령 선거과정에서 충청 지역의 표를 의식해서 '세종시의 차질 없는 건설'을 다짐했다. 자신의 약속으로는 부족하다고 느낀 나머지 후보 경선에서 적대 관계였던 박근혜의 지원 연설까지 동원하며 세종시 건설을 다짐했다. 원래 그는 서울시장 때부터 행정수도 이전을 강력히 반대했었지만, 선거 승리를 위해 마음에도 없는 약속을 했던 셈이다.

그러나 이명박은 대통령이 되자 이를 바로 잡아야 한다고 판단했다. 사실상의 행정수도 이전을 뜻하는 '행정중심복합도시'가 아니라, 기업과 학교를 유치해서 '교육과 과학을 중심으로 하는 신경제 중심 도시'로 만들어야 한다는 것이 세종시 수정안의 핵심이었다. 그렇게 해야 국가 자원이 효율적으로 쓰이고, 충청권 주민의 이익에도 도움이 된다는 것이다.

대통령 측근들은 이 같은 이명박의 결단에 대해 "세종시 수정안은 대통령의 양심"이라고까지 표현했다. 행정복합도시의 건설이 잘못된 정치적 약속인 줄 알면서도 그대로 추진하는 것은 양심을 저버리는 짓이라고 판단했다는 것이다.

어찌 보면 이명박으로서는 한국적 정치 현실을 감안할 때, 무모하리만큼 순진한 정치적 도박이었다. 선거공약 사업의 단순한 번복이 아니라, 이미 전임 정권에서 국회가 정상적인 입법과정을 통해 확정한 행정복합도시 건설계획을 이제 와서 완전히 뒤엎겠다는 것이 아닌가. 한반도 대운하나 4대강 살리기 사업 추진과는 성격과 차원이 전혀 다른 일이었다. 법을 고치는 결정권은 정부가 아니라 국회의 권한이다. 더구나 여당에서조차 박근혜를 비롯하여 세종시 원안 고수를 주장하는 세력들이 만만치 않은 형국이었다.

이명박은 2009년 9월, 서울대 총장을 지낸 정운찬을 국무총리에 영입하는 것으로 세종시 수정작업의 신호탄을 쏘아 올렸다. 대중적으로 인기가 높은 경제학자면서 충청도 출신인 정운찬을 선봉장으로 내세워 세종시 수정안을 관철시키겠다는 전략이었다. 마침 이명박으로서는 미국발 금융위기를 원만하게 극복하면서 어느 정도 자신감을 회복한 터라, 다음 카드로 세종시 문제에 팔을 걷어붙일 엄두를 냈던 것이다.

정운찬도 정파나 이념을 떠나서 세종시 원안이 잘못됐다고 생각했었다. 그는 총리 내정자 자격으로 가진 첫 기자회견에서부터 속내를 숨기지 않았다.

"경제학자로서 행정복합도시 건설을 효율적이라 생각하지 않는다. 완전히 원점으로 되돌리기도 어렵겠지만, 원안대로 다 하기도 쉽지 않다고 생각한다."

언론은 즉각 "정운찬 신임 총리, 세종시 수정안 추진"이라고 대서특필했고, 이를 시작으로 세종시를 둘러싼 정치 공방이 본격적으로 벌어졌다. 이명박의 기본전략은 정운찬 국무총리를 내세워 충청도 민심을 달래고 기업들의 대규모 투자를 적극적으로 유치하면, 원안 고수를 주장하는 박근혜와 여당도 청와대의 수정안에 동의하지 않겠느냐는 계산이었다. 따라서 여당의 마음만 돌리면 국회에서는 표 대결로 야당을 제압한다는 시나리오였다.

정운찬 총리는 충청도민을 찾아다니면서 직접 세종시 수정안의 당위성을 설명하는 한편, 범정부 차원에서 삼성 등 대기업들을 설득해서 대규모 투자를 세종시에 집중시키는 작업에 총력을 기울였다. 행정복합중심 도시가 국가적으로나 지역발전을 위해서나 얼마나 낭비가 심하고 비효율적인가를 설파했다. 관청들을 무리하게 옮기는 대신, 유명 대학 등 교육기관들과 연구소 등을 집중적으로 유치하는 것이 과밀한 서울 집중 현상을 해소하고 꼭 필요한 과학 기술 발전에도 기여하는 실질적인 대안이라는 것이었다.

그러나 이명박도 정운찬도 그것이 정치적으로 얼마나 어려운 일인지 과소평가했다. 야당의 반대는 고사하고 당장 여당 내의 반발조차 감당하지 못했다. 국무총리가 충청도 민심을 달래기 위해 동분서주하는 동안, 한나라당의 주축인 박근혜는 "세종시는 국민과의 약속이고, 원안 추진이 맞다."라며 반대의 뜻을 분명히 밝혔다. 급기야 이명박이 직접 텔레비전에 출연해서 "사회 갈등과 혼란을 가져 온 것에 대해 죄송하다."라고 사과하면서 "그러나 정치적 손해를 보더라도 이것은 해야 한다."라는 자신의 소신을 밝혔다. 총리를 내세운 대리전이 여의치 않자 대통령이 직접 나선 것이다.

2010년 1월, 반대 여론을 무릅쓰고 이명박 정부는 그동안 총력을 기울인 세종시 수정안을 발표했다. 관청은 서울에 그대로 두고 세종시를 과학과 교육 중심의 신성장 클러스터로 건설하겠다는 것이 핵심요지였다. 그러나 지방선거(6월2일)의 야당 승리는 이명박 정부한테 결정타를 안겼고, 국회에 상정된 세종시 수정안은 여당조차 외면하는 가운데 간단히 부결됐다.

"세종시 문제를 정치적으로 다뤄서는 안 된다."는 이명박의 인식부터 잘못이었다. 민감하기 짝이 없는 정치 이슈를 순진하게 경제논리로만 내세워 국회의원의 중대한 정치적 결정을 뒤엎으려고 했으니 제대로 될 리 없었다. 이명박 정권으로

서는 결과적으로 엄청난 시간과 에너지만 허비한 셈이었다.

이명박은 대통령으로서 야당의 반대에 부딪혀 고전을 면치 못한 것이 아니라 여당의 지지조차 확보하지 못했다. 그럼에도 이명박은 비정치적 행보를 포기하지 않았다. 세종시 수정안이 좌절된 후에도 그는 잘못된 정치적 약속은 재고해야 한다는 입장을 고수했다. 2011년 3월, 선거공약이었던 '영남권 신공항 건설 계획'도 백지화하기로 결론지었다. 2011년 4월 1일 기자회견에서 이명박은 "신공항 건설을 약속한 것은 사실이다. 그래서 지역 주민들에게 죄송하다고 했다. 하지만 10~20조 원을 투자해서 신공항을 건설해도 매년 적자를 본다는 어려움이 있다. 책임은 모두 나에게 있다"라며 사과 성명을 발표하였다. 이 같은 이명박의 처신과 판단을 어떻게 평가할 것인가. 공약을 저버리는 신의 없는 정치인이라 비난할 것인가, 아니면 뒤늦게라도 잘못된 인기영합주의적 약속을 수정한 용기 있는 정치인이라고 칭찬할 것인가.

그러나 마침 다음 대통령 선거에 나선 박근혜는 "신공항 건설은 국민에게 약속한 것이고, 약속했으면 지켜야 한다."라며 또다시 이명박 정부의 정책에 반기를 들었고, 자신의 선거 공약에까지 포함시키면서 대조를 이뤘다. 같은 당이면서도 이명박과 박근혜 두 사람은 이처럼 노선을 달리했다.

우회전 깜빡이를 켜고 좌회전하다

촛불 시위의 충격에서 어렵사리 벗어난 이명박 정부는 당초 스케줄에 상당한 차질이 생겼으나 다시 전열을 가다듬었다. 뜻하지 않게 터진 미국발 금융위기가 한국경제를 크게 뒤흔들었지만 오히려 이명박을 도와준 측면도 있었다. '경제위기 상황'이야말로 자신의 역량을 십분 발휘할 수 있는 기회였기 때문이다. 앞에서 살폈듯이 이명박은 점퍼 차림으로 지하 벙커 작전상황실을 지휘하는 야전군 사령관처럼 진두지휘했고, 그 결과 무난히 경제위기를 극복했던 것이다.

대운하 계획은 포기했으나 MB노믹스의 기본 줄기는 애초 의도대로 추진됐다. '747 정책'으로 상징되는 성장률 목표는 비록 국제 금융위기와 원자재 파동 속에서 후퇴할 수밖에 없었지만, 성장의 잠재력을 키워나간다는 핵심 키워드는 계속 유지했다. 위기 극복을 위해 동원했던 각종 기업투자활성화 정책들이 바로 이명박이 의도했던 친기업 정책에 부합되는 것이다.

아무튼 노무현 경제가 좌회전 깜빡이를 켰다면, 이명박 경제는 우회전 깜빡이를 켠 셈이다. 대표적인 것이 감세 정책이었다. 이명박은 대통령 후보 때부터 "기업들의 법인세를 경쟁국 수준인 20% 수준으로 낮추겠다."라는 소신을 밝혔다. 그래야 국내 기업들의 국제경쟁력이 높아지고 외자기업의 국내투자가 늘어난다는 논리였다. 그는 약속을 실천에 옮겼다. 8~35%였던 소득세는 2년에 걸쳐 2%포인트를 내리고, 25% 였던 법인세(2억 원 초과)는 2009년에 22%, 2010년에 20%로 단계적으로 내리도록 했다. 노무현 정부가 세금 폭탄으로 만들었던 종합부동산세도 크게 완화했다. 이 같은 '우회전 깜빡이'의 정책 기조는 취임 첫해인 2008년 말까지 유지됐다.

그러나 2009년에 접어들면서부터 사정이 달라졌다. 글로벌경제위기를 잘 극복했지만, 경제는 여전히 어려웠다. 특히 석유와 원자재의 가격 폭등으로 인플레이션이 심해지면서 서민들이 실제로 느끼는 체감 불황은 한층 심해졌다. 다행히 수출이 호조를 보이는 가운데 삼성전자와 현대자동차 같은 기업은 세계가 놀랄 정도로 사상 초유의 이익을 기록하는데도, 가계 살림은 인플레이션으로 더욱 쪼들리고 일자리 문제는 전혀 해결의 실마리를 찾지 못하고 있었다. 성장을 주도하는 자동차와 스마트폰의 수출은 잘 돼도, 소위 낙수효과가 신통치 않아 양극화 현상만 가중된다는 비판이 힘을 얻었다. 일부 대기업들이 어려운 여건 속에서도 외국기업들과의 경쟁에서 이긴 결과로 큰 이익을 내는 것이 여론으로부터 칭찬을 받기는커녕 비난의 대상이 되는 사회 분위기가 확산되었다. 정부의 대기업 편중 지원으로 재벌들만 살찌운다는 비난은 더 설득력을 발휘했다. 여론은 환경적 요인을 전혀 감안하지 않는 채, 고전하는 경제 현상만 놓고 이명박 정부를 몰아세웠다.

MB노믹스의 선봉장이었던 강만수 기획재정부 장관이 2009년 1월에 개각에서 물러난 것을 계기로 '기업 프렌들리' 정책이라는 단어는 자취를 감췄다. 여기에 연초에 터진 용산참사(재개발 보상대책에 반발하는 철거민과 경찰이 대치하는 중에 화재로 빚어진 사건)로 민심이 흉흉해진 것이 큰 악재로 작용했고, 노무현 전 대통령의 자살(2009년 5월) 또한 엄청난 정치적 부담으로 작용했다. 선거철이 아닌데도 때 아닌 정치바람이 불어닥쳤고, 모든 문제들은 출범한 지 불과 1년 남짓한 이명박 정권의 잘못이라고 강도 높게 비난했다.

급기야 2009년 광복절 기념사에서 이명박은 "친서민, 중도 실용"이라는 슬로건을 내걸었다. 내놓고 말은 하지 않았어도 기존 정책기조의 분명한 궤도 수정이었다. '기업 프렌들리' '시장 친화' 등의 단어는 사라졌고, 하루아침에 친서민 정책이 우선순위가 되었다. 정부 과천청사 1동 건물에는 "서민을 따뜻하게, 중산층을 두텁게"라는 캐치프레이즈 현판이 걸렸다. 2009년 광복절 경축사를 계기로 정부 분위기가 싹 바뀌었고, 이때부터 정부는 각 부처에 서민정책 발굴을 본격적으로 지시했다. 이후 친서민 중도실용은 이명박 정부 내내 일관되기 밀고나가야 할 정책으로 자리 잡았다.

'보금자리 주택'이라는 이름으로 서울의 노른자위 땅에 서민 아파트 건설을 추진했고, 중소기업들을 집중적으로 밀어주는 '동반성장위원회'를 출범시켰다. 참여정부 때보다 한 술 더 뜬 '좌회전 움직임'이었다. 결정적인 전환점은 지방선거(2010년 10월 6일)에서의 여당 패배였다. 선거의 주요 이슈 중 하나는 '무상급식'이었다. 여당 후보들은 초중고생의 '단계적 무상급식'을 주장했던 반면, 야당 후보들은 '전면적인 무상급식'을 주장했다. '세종시 수정안'이나 '4대강 사업'도 쟁점이었다. 결과는 여당의 참패였다. 서울과 경기도는 여소야대 의회가 구성됐고, 진보세력 후보들이 교육감 선거에 대거 당선되었다. 도지사 선거에서도 충남과 강원도 등에서 야당 후보가 당선되었다. 이명박 정부로서는 일종의 중간평가 성격의 선거에서 충격적인 패배를 당한 것이다. 더구나 서울시장 자리를 걸면서까지 전면급식을 반대했던 오세훈이 2010년 8월에 실시한 주민선거에서 패배해 물러났고, 10월 보궐선거까지 야당 후보인 박원순이 당선되자 소위 '선별적 복지와 보편적 복지'의 대결도 야당이 주장한 보편적 복지의 정치적 승리로 결판이 난 셈이었다. 김대중 시대에 유행했던 생산적 복지라는 말은 자취를 감추었다.

이제 MB노믹스는 본래 형체를 거의 알아볼 수 없을 정도로 해체되었다. 그러나 끝까지 이명박이 끝까지 지키려 했

2008년까지 유지되던 친기업 정책 기조는 2009년을 기점으로 친서민 중도실용으로 바뀌었다(사진은 2011년 7월 20일 물가안정대책회의).

던 것은 감세 정책이었다. 취임 첫해인 2008년, 국회에서 법안을 통과시켜서 감세 정책을 관철했었고, 25%의 법인세를 2009년에 22%로, 2012년에는 20%로 낮추겠다는 스케줄이 정해져 있었다. 그러나 앞에서 살펴보았듯이 정책 기조가 뒤바뀌는 마당에 더 이상 감세 정책을 감당할 수 없었다. 결국 이명박은 소득세와 법인세의 추가 감세 계획을 전면 백지화하고 말았다. 이로써 MB노믹스의 마지막 우회전 깜빡이는 완전히 꺼진 셈이었다.

서울시장 선거에서 여당이 패배하자 당 내부에서 '747 공약의 공식 폐기'를 요구하기 시작했다. 이후의 선거 공약만 보면 어느 쪽이 여당인지 구별되지 않을 정도로 복지와 분배 우선 정책으로 동조화 현상이 나타났고, 이 같은 현상은 '경제

민주화'라는 이름 아래 2012년 총선과 대통령 선거전으로까지 이어졌다.

한편, 국제 환경의 변화가 한국경제에 미친 영향도 간과할 수 없다. 2008년 미국발 금융위기를 촉발한 리먼 브러더스 사태는 근본적으로 자본주의 탐욕에서 비롯된 것이라는 반성을 촉발했고 급기야 2011년 가을에 접어들면서 "월가를 점령하라(Occupy Wall Street)!"라는 구호 아래 소위 '1대 99' 시위가 세계를 휩쓸었다. 한국에서는 이미 일상화된 양극화 시위가 뒤늦게 뉴욕 월 스트리트를 기점으로 세계적으로 번진 셈인데, 이것이 다시 한국에 역수입되면서 이명박 정부의 정책 기조를 복지 우선으로 선회시키는 데 결정적으로 영향을 끼쳤던 것이다.

정치를 싫어 한 대통령

이명박 정권 내내 자주 등장했던 단어는 '소통'이었다. 절실한 문제가 소통인데, 대통령의 소통 능력과 태도에 문제가 많다는 비판이 지배적이었다. 이명박 대통령이 재임 기간 중 펼친 경제 정책들 중에서 경제논리나 이론이 미흡해서 고전한 경우는 없었다. 민감한 경제문제일수록 정치적 입김이 강하게 작용하고 소통이 중요하기 마련인데, 이명박은 그 점을 소홀히 여기는 바람에 일이 더욱 꼬였다.

정권 출범 시작부터 치명적인 타격을 입혔던 광우병 쇠고기 파동도 기본적으로 소통의 문제였고, 정치적 리더십의 문제였다. 대통령 스스로 '좌파 정권 시대에 습관화된 과도한 시위문화의 일단'이라고 판단한 데서부터 일을 그르치기 시작했다. 사태발생 초기에는 오히려 사회기강 차원에서 불법 시위에 대한 단호한 단속 의지를 표명하기까지 했다. 그러나 시위가 인터넷 포털이라는 새로운 소통공간을 통해 순식간에 확산되고, 젊은 층의 반미 정서가 합세해서 걷잡을 수 없는 사태로 번질 줄은 전혀 예상치 못했던 것이다. 소통의 실패는 큰 오해와 반발을 불렀고, 이명박 정부의 권위는 치명적으로 훼손됐다.

이는 경제 정책을 펴나가는 데도 큰 영향을 끼쳤다. 정부의 권위가 실추되니 같은 일을 해도 훨씬 힘이 들었다. 이명박 정부는 법인세율 인하를 추진하자 곧바로 '재벌 대통령'이라는 비난을 받았고, 소득세율 인하를 추진하자 '부자를 위한 정부'라는 누명을 뒤집어썼다. 이명박 정부는 의도했던 경제 정책들을 현실적으로 어떻게 실천할지에 대한 문제의식이 부족했다. 근본적으로 정치가 경제에 얼마나 중요한지 충분히 깨닫지 못했던 것이다.

이명박의 첫 정치적 자충수는 노무현의 참여정부를 전적으로 부인하려는 데서부터 출발했다. 노무현이 이전 정부조직을 대폭 바꾼 것 못지않게 이명박도 크게 고쳤다. 청와대의 언론 관련 부서까지도 전임 대통령의 흔적이다 싶은 것은 몽땅 들어내고 자기 사람들로 교체했다. 그 과정에서의 부작용은 무시했다.

구체적 실수의 시작은 전임자 노무현이 박아놓은 대못을 지나치게 과소평가한 것이었다. 노무현은 "내가 만든 제도를 후임 대통령이 쉽사리 고치거나 폐지하지 못하도록 대못을 박아놓겠다."라는 말을 공공연하게 했다. 원래 대못이란 한번 박으면 여간해서 잘 뽑히지 않는데, 이명박은 이를 가볍게 여기고 함부로 대못 뽑기에 나섰던 것이다. 그는 임기가 보장된 사람들까지 물갈이를 서둘렀고, 참여정부가 바꾸어놓았던 여러 제도와 기구를 원위치로 되돌리는 작업을 벌여나갔다.

그러나 이명박은 참여정부 색깔을 무리하게 지우려다 도리어 반발을 자초했다. 노무현 전 대통령의 죽음이 결정적이었다. 노무현은 하루아침에 영웅이 됐고, 노무현 정책의 과오나 부작용에 대한 객관적인 판정이나 비판 분위기는 단숨에 온정적 이해와 관용으로 바뀌었다. 동시에 양극화 문제나 일자리 창출 등 고질적 문제들은 이명박 시대가 만든 잘못이나 책임인 것처럼 인식되었다.

이명박은 불리한 흐름을 반전시킬 정치력이 절실했으나 그러한 노력을 외면했다. 오히려 정치공세에 구애받지 않고 경제 정책에 전념하는 것이 경제 대통령으로서의 진면목을 보여주는 것이라고 생각했다. 주요 정책이 심각한 정치현안으로 될 때마다 대통령은 오히려 "정치적으로 접근해서는 안 된다."라는 점을 강조했다.

세종시 문제와 한미 FTA 협상비준 때도 마찬가지였다. 사실 세종시를 과학기술이나 교육 중심도시로 바꾸려던 이명박의 판단은 옳지만, 국회에서 여당 의원조차 설득하지 못했다. 사전에 충분하게 조율해도 힘든 일을 자기 소신만 믿고 밀어붙였던 것이다. 문제의 향방이 정치인들 손에 달린 판에 정치적 접근을 금기시하는 대통령이 무슨 일을 할 수 있었겠는가.

좋게 해석하자면, 중대한 사안을 합리적으로 냉정하게 처리해야 하며, 경제를 정치 싸움의 대상으로 삼거나 표를 의식한 나머지 인기 영합주의로 처리해서는 안 된다는 점을 이명박은 몸으로 실현시키려 했던 것이다. 그러나 세종시나 한미 FTA 같은 문제야말로 중대 정치적 쟁점이요, 따라서 찬성하는 쪽과 반대하는 쪽이 충분히 토론하고 타협하려는 노력이 무엇보다 중요했다. 박정희나 전두환 시대처럼 국회의원은 거수기에 불과하고 행정부가 옳다고 마음먹기만 하면 얼마든지 밀어붙였던 시대가 오래전에 끝났음에도, 이명박 정부는 마땅한 대안도 없이 국회를 피하거나 멀리했던 것이다.

국회의원들이 이런 대통령에 호의적일 리 없었으며, 여야를 가릴 것 없이 마찬가지였다. 세상이 달라져서 정치적 합의 없이는 아무것도 할 수 없게 된 엄연한 현실을 간과했던 것이다. 정치를 싫어하고 멀리하려던 CEO 대통령의 근본적인 한계이기도 했다.

박정희와 노무현의 부활

앞서도 여러 차례 언급했듯이 이명박에 대한 평가는 억울한 구석이 많다. 비록 당초의 계획이 수포로 돌아갔지만 그 배경에는 국제경제 악화가 결정적이었으며, 고용 없는 성장이나 양극화 심화 문제 또한 혼자서 그 책임을 뒤집어쓸 일은 아니었다. 본인은 누구보다도 열심히 경제 살리기에 매진한 대통령이었다고 자부할 것이다. 그럼에도 이명박은 왜 비판의 대상이 됐고, 노무현은 왜 명예롭게 부활한 것일까.

노무현 정부 때보다 이명박 정부에 와서 경제가 객관적으로 더 나빠진 것이 첫째 이유다. 여기에 더해 이명박의 정책 수정 결과가 노무현이 추구했던 것을 뒤늦게 따라갔다는 것이 둘째 이유다. 다음 정권이 전임 정권의 정책을 비판하다가 태도를 바꿔 따라한다는 것은 결국 전 정권 정책이 옳았음을 입증해 주는 꼴이다. 노무현 부활론도 그런 맥락에서 나왔다.

결과를 놓고 보면 충분히 그럴 만 했다. 이명박 정권에 와서 경제가 더 악화된 것도 사실이고, 취임 첫해를 보낸 이후 이내 성장 위주 정책에서 분배 및 복지 정책으로 정책 기조를 급선회한 것도 맞다. "기업이 잘돼야 나라가 잘된다."라고 친기업론을 강조하던 대통령이 어느 날 갑자기 '친서민'과 '윤리경영'을 내세웠던 것도 사실이다. 동반성장위원회를 출범시키고, 비정규직 문제로 기업들을 압박하고, 사회통합을 강조하는 것은 원래 참여정부의 단골메뉴였다.

그러나 이런 이슈가 갑자기 생겨난 문제는 아니라는 점에 주목해야 한다. 양극화 해소나 사회통합 문제는 노무현의 적절한 문제 제기에도 불구하고 이를 해결하는 데는 실패했던 사안이다. 도리어 집권 기간 중 양극화 현상이 더 두드러지게 나타났고, 가진 자와 없는 자의 패를 갈라놓는 바람에 대립과 갈등이 더 증폭되는 상황에서 이명박 정권이 바통을 넘겨받았던 것이다.

경제가 악화되자 이에 대한 정치·사회적 불만이 한층 더 강해졌다. 다시 말해 노무현의 정책이 부활한 것이 아니라, 노무현 시대에서 불거지고 이슈화되었던 양극화 문제가 국제경제 악화와 국내경제 구조의 급속한 진화로 한층 더 심각하게 부각되었던 것이다.

경제가 어려운 가운데서도 전자, 자동차 등 일부 대기업형 수출산업들이 호조를 보이면서 양극화 심화에 대한 사회적 반발은 더 민감해졌다. 더욱이 재벌들의 구태의연한 경영 행태가 이명박의 기업 프렌들리 정책을 무색하게 만들었다. 승승장구하는 대기업들이 상습적으로 중소 하도급업체에 납품가격 인하를 압박하거나, 자회사를 만들어 일감을 몰아주자 여론 재판의 도마에 올랐던 것이다. 결국 당초 기업 중심의 전통적 경제 살리기 정책을 수정할 수밖에 없었다.

이명박이 노무현 노선으로 선회한 것이 외부환경이나 타의에 의한 방향전환이었다면, 그가 추진한 정책 방향이나 스타일은 박정희식으로의 회귀 현상을 보였다. 건설회사 CEO 출신 대통령이라는 그의 기업경영 방식 자체가 개발연대의 박정희 리더십과 별 차이가 없었다. 박정희가 포항제철이나 경부고속도로를 직접 지휘했듯이 이명박도 그런 방식에 익숙한 기업인이었다. 서울시장 시절의 청계천 사업이 그랬고, 대통령이 되어서 대운하 추진에 그토록 매달렸던 것도 맥을 같이한다. 그는 일종의 프로젝트 매니저나 개발사업자 같은 역할에 능했고, 또한 그것에 집착했다.

어쩌면 시장 시절의 청계천 사업 성공이 대통령 이명박에게는 '승자의 저주'가 되었는지도 모른다. 대부분 안 된다는 사업을 거뜬히 성공시킨 자신감으로 대통령까지 됐으니 말이다.

대운하 사업과 4대강 사업이 대표적인 케이스다. 공을 들였던 대운하 사업이 좌절되자, 이명박은 이를 4대강 사업으로 대신했다. 아마 박정희 시대 같으면 반대나 저항에 구애받지 않고 대운하 사업을 뚝딱 해치웠을 것이다. 더욱이 4대강 사업쯤은 걱정할 필요도 없이 단숨에 추진되었을 일이다. 이명박도 박정희식으로 밀어붙였다. 토목공사는 타의 추종을 불허하는 자신의 전공 분야가 아닌가.

그러나 세상이 변해서 전문성이 떨어지는 시민단체나 아무 상관없는 노동계까지 가두시위에 나섰다. 4대강 사업을 정부 계획대로 추진하면 나라가 망하는 것처럼 결사적으로 반대하는 상황이 한참 동안 벌어졌다. 국회의원들도 이를 정치쟁점화하면서 반대에 앞장섰다. 박정희는 국회를 도외시할 통치 능력이 있었고, 당시는 그것이 통했던 때였다. 하지만 세상은 달라졌다. 이명박은 박정희 리더십을 벤치마킹했으나 능력의 한계와 여건의 변화를 감안하지 못했던 것이다.

고생 끝에 4대강 사업을 마무리 지었으나, 정부가 치른 대가는 너무 비쌌다. 대운하 사업을 시작으로 4대강 사업에 이르기까지 너무 많은 시간과 에너지를 소비했다. 사전에 국회를 설득하든가, 아니면 정치적 타협을 통해 조기에 매듭지었어야 했다. 이를테면 정치권이 완강하게 반대했을 때 정부는 굳이 4대강을 고집할 게 아니라 2대강만이라도 먼저 추진했더라면, 일도 원만해졌을 것이고 이명박 정부가 입었던 정치적 상처도 훨씬 덜했을 것이다.

이처럼 정치적 판단이 무뎠던 것이 이명박 정치의 답답함이었다. 박정희로의 회귀는 이것뿐만이 아니었다. 국제 석유값이 오르면서 물가가 오르자, 대통령 특별지시로 해당 기업을 윽박질러 50개 생필품 가격을 동결시켰고, 공정거래위원장으로 하여금 물가통제 업무에 직접 나서도록 했다. 그것도 여의치 않자 중앙부처 국장을 동원하는 품목별 담당제까지 실시했다. 1960년대의 물가통제 행정이 다시 살아난 셈이었다. 경쟁촉진을 통한 시장친화를 주창했던 대통령이 상황이 다급해지자 직접 규제의 칼을 뽑아들었던 것이다.

비정치적이었다고 해서 이명박이 포퓰리즘을 철저하게 경계하지는 않았다. 실무자의 반대를 무릅쓰고 밀어붙인 서민용 보금자리주택 건설 정책은 대통령이 직접 나서서 경제논리를 배제했던 대표적인 인기영합 정책이었다. 특히 정치적 허약함은 노태우 정권 초기의 여소야대 시대에 못지않았다. 더구나 당시에는 의석수가 소수였을 뿐 여당이 정부에 반대하는 일은 없었다. 이명박 시대에 와서는 여당이 다수당임에도 불구하고, 소수당인 야당과 시민단체들을 좇아서 MB노믹스를 비방하고 무효화시키는 데 앞장을 서는 일이 적지 않았다.

여당의 지지조차 확보하지 못한 이명박으로서는 정치적 요구나 흐름에 정면으로 저항하거나 대치하는 경우는 많지 않았다. 노조 문제만 해도 기업 CEO이니만큼 과거 어느 대통령보다도 엄정하게 대처할 것으로 예상했으나 그렇지 못했다. 어찌 보면 역대 대통령 중 노조 문제에 대해 가장 조심스럽게 언급했던 대통령이었다. 친노조 대통령임을 자임했던 노무현과 비교하면, 노무현은 이명박보다 훨씬 노조의 집단이기주의를 강도 높게 비판하고 욕도 많이 들었던 케이스였다.

한국경제 일지(1988~2012) ┌──

1988년

1월 국민연금제도 실시

미국, 한국을 GSP 적용대상에서 제외

2월 대기업 무역금융 폐지(27년 만에)

금호그룹에 제2 민항 인가

토지거래허가제 발동

제13대 노태우 대통령 취임

이현재 총리, 나웅배 부총리 겸 경제기획원장관, 사공일 재무장관,
안병화 상공장관, 박승 경제수석, 서영택 국세청장(첫 경제 관료 출신)

3월 전두환 전 대통령 동생 전경환, 65억 원 횡령 및 10억 원 탈세 혐
의로 구속

4월 해외관광 89년부터 완전 자유화하기로

총선에서 민정당 패배 여소야대 탄생

6월 노동부, '무노동·무임금 원칙' 지침 시달

7월 노동부, '무노동·무임금 원칙' 백지화

철도기관사들 파업

9월 헝가리와 상주대표부 교환설치 합의(공산권국가로서는 처음)

서울올림픽 개최

11월 쌀 4,203만 섬 수확(사상 최대)

미국 부시 대통령 당선

정주영 현대그룹 회장 청문회 출석, "85년 이후의 모금은 모두
강제성이다."

전두환 전 대통령, 백담사 행

12월 자본시장 개방계획 발표, "외국인 주식투자 92년부터 허용"

개각 조순 부총리 겸 경제기획원장관, 이규성 재무장관, 문희갑
경제수석, 박승 건설장관, "200만 호 건설로 자리 걸겠다. 토지의
종합과세 꼭 매듭짓겠다."

정부출연기관 연대파업

노 대통령 특별지시, "공권력 엄중행사하고 화염병 규제법을 제정하겠다."

1989년

1월 풍산금속 농성근로자 7명 구속. 불법 집단행동에 공권력 발동키로
진도, 소련과 첫 직교역
정주영 회장, 평양 방문

2월 헝가리와 수교
정주영 회장, 북한과 금강산 공동개발에 합의
문교부, 대학생 과외 전면 허용
부동산정책위원회, 택지소유 상한제 도입키로
아파트 분양가격 현실화

3월 노동관계장관회의, "분규 이대론 안 된다."
서울시 지하철노조 전면파업
현대중공업 파업 100일. 재야 · 학생 가세
노태우 대통령, 공공시설 습격 · 방화에 무기 사용 지시
문익환 목사, 평양행

4월 종합주가지수 한때 1,000포인트 돌파
금융거래실명실시준비단 발족(재무부 산하)
정부, 분당 · 일산에 신도시 건설계획 발표

5월 부산 동의대 대학생 방화로 경찰 6명 사망

6월 노 대통령, "경제가 무너지면 민주화도 안 된다."
임수경, 밀입북

9월 문희갑 경제수석, "경제정의 실현에 역점을 두겠다."

11월 베를린 장벽 붕괴
조순 부총리, "적극적 부양책 펴나가겠다."
3야당 총재, 추곡가 20% 인상 관철키로 합의

12월 외국기업 12곳 노사분규로 휴 · 폐업
12 · 12조치. 한국은행 발권력 동원, 투신을 통해 무제한 주식 매입키로. 4당, 농어촌 부채탕감방안 최종 합의

토지초과이득세 90년 1월 1일부터 시행키로
전두환 전 대통령, 국회청문회 출석 증언

1990년

1월 김일성 신년사, "남북 자유왕래 협의하자."
　　　조순 부총리, "토지 공 개념과 금융실명제는 늦출 수 없다."
2월 민주자유당 창당
3월 제4땅굴 발견
　　　개각 15부 장관 경질. 이승윤 부총리·정영의 재무, 김종인 경제수
　　　석, 박필수 상공
　　　이승윤 "실명제 재검토" 김종인 "SOC 확충 시급"
　　　1989년 땅값 31% 상승(건설부 발표)
5월 '5·8부동산대책' 발표. 대기업 과다 보유 부동산 강제매각 지시
　　　10대 그룹, 1,569만 평 매각하겠다고 발표
　　　일본 왕 "통석의 염을 금할 수 없다."라고 사과
6월 국세청, "5대 재벌 땅 18%가 비업무용"
　　　인천 영종도를 신국제공항 건설입지로 결정
　　　노태우·고르바초프 한·소 정상회담서 수교 원칙 합의
7월 OPEC회의, 석유값 배럴당 20달러로 인상
8월 이라크, 쿠웨이트 점령. 국제유가 폭등세
　　　전두환 전 대통령 처남 이창석 씨, 법정구속
　　　국제유가 30달러 돌파
10월 한·소 수교
　　　독일 통일
11월 쌀 생산 3,900만 섬
　　　핵폐기물 시설에 반대 안면도 주민 1만 명, 지서와 예비군 무기
　　　고에 방화
　　　리콴유 싱가포르 총리, 31년 만에 퇴임
12월 주택 200만 호 건설 1년 앞당겨 달성
　　　개각 노재봉 총리, 박철언 체육부장관, 최병렬 노동부장관

전두환 전 대통령, 백담사에서 연희동 집으로 귀환

1991년

1월 소련에 30억 달러 차관 제공키로 양국 대표단회의에서 합의
2월 부총리 최각규, 건설부장관 이진설
4월 시위대학생 강경대 군 경찰에게 맞아 사망
5월 개각 총리 정원식·재무 이용만·동자 진념
　　　건설자재 품귀현상 시멘트 구하기 전쟁
　　　정원식 총리 외대 학생들로부터 밀가루 세례
　8월 　고르바초프, 소련공산당 해체 선언
11월 　정주영 회장, "돈 없어 세금 못 내겠다."며 법정투쟁 선언
12월 소련 해체
　　　개각 7개 장관 경질. 상공 한봉수·건설 서영택·국세청장 추경석 등

1992년

1월 정주영 회장 "연 2회씩 정치자금 냈다."고 폭로
　　　김우중 대우 회장, 김일성 면담
3월 김건 한은총재 퇴임. 후임에 조순 전 부총리
4월 국세청, 현대상선에 271억 원 세금 추징. 정몽헌 부회장 등을 고발
　　　정주영 국민당 대표, "현대 탄압하면 경제파탄 부른다. 대통령 출
　　　마한다."
5월 민주당, 김대중 씨를 대선 후보로 선출
8월 제2이동통신 차기 정부로 이관 결정
11월 　클린턴, 미국 대통령 당선
　　　유창순 전경련 회장, "정치자금 안 내겠다."

1993년

1월 미, 이라크 공습 단행

정주영 국민당 대표, 검찰 소환
최종현 선경 회장, 전경련 회장으로 내정(유창순 씨 후임)
2월 김영삼 14대 대통령 취임. 개각 총리 황인성, 감사원장 이회창,
경제부총리 이경식, 재무장관 홍재형, 경제수석 박재윤
3월 장관급 29명 재산 내역 일괄 공개
7월 신경제 5개년계획 확정발표
8월 대전엑스포 개막
금융실명제 전격실시
경부고속철, 프랑스 알스톰의 테제베로 선정
10월 1994년 최저임금 24만 5,210원(노동부 발표)
상공부 업종전문화 시책 발표
12월 UR 타결, 쌀시장 개방 계획 확정, 대통령 대국민 사과
1만 원짜리 신권 발행(1994년 1월부터)
개각 총리 이회창, 경제부총리 정재석, 노동부장관 남재희

1994년

1월 교육세 시행
생리휴가 무급전환, 출산휴가일수 60일에서 90일로 연장
경제기획원, 경제운영방향 보고 "활성화에 치중키로"
북한 국제원자력기구(IAEA) 핵사찰 거부
개인연금제 도입
2월 농민 대학생, UR 재협상요구 시위
내국인 외화보유한도, 2,000달러에서 2만 달러로 확대
해외부동산 투자 제한 완화
3월 금융기관 점포 설치 자율화
6월 공산권 수출제한 해제(북한 제외)
7월 북한 주석 김일성 사망, 김정일 승계
8월 삼성전자 세계최초 256메가바이트 D 램 개발
10월 개각 경제부총리 홍재형, 재무장관 박재윤, 경제수석 한이헌
성수대교 붕괴

12월 정부조직 개편 기획원 재무부 통폐합, 재정경제원으로

1995년

1월 부동산실명제 실시
 WTO 출범
 세계화추진위원회 출범
3월 케이블 TV 27개 채널 본방
 증권사 해외사무소 설치 자유화
 OECD 가입 신청
6월 통합선거법 개정안 국회통과
 지방선거 부활(기초단체장 및 지방의회 선거)
 삼풍백화점 붕괴
7월 3단계 금리자유화 추진
 미·베트남 20년 만에 국교정상화
8월 서석재 총무처장관, 전직대통령 4,000억 원 차명계좌 폭로
 중앙청(구 조선총독부 건물) 철거
 11월 민노총 공식출범
 김종필 민자당 대표위원 탈당
 노태우 및 전두환 전 대통령 구속 수감
 수출 1,000억 달러 돌파
 개각 총리 이수성, 경제부총리 나웅배, 정보통신부장관 이석채,
 경제수석 구본영

1996년

1월 민자당, '신한국당'으로 당명 개명
6월 15개 단자회사를 종금사로 전환인가
7월 실업급여 지급 개시
10월 경쟁력 10% 이상 높이기 추진
12월 OECD 가입

국내 석윳값 자유화키로(1997년 1월부터)

1997년

1월 한보그룹 부도

2월 1996년 1인당 국민총생산 1만 7,000 달러 추산 발표

3월 개각 총리 고건, 경제부총리 강경식, 경제수석 김인호

삼미그룹 부도

자본시장 조기개발 계획발표, 외국인 주식투자 한도 확대

4월 전두환 무기징역, 노태우 17년형 대법원 확정

진로그룹 부도유예

5월 외국증권사 국내지점 국제업무 허용

김영삼 대통령 아들 김현철 구속

6월 해외직접투자 신고제로 전환

7월 68개 시민 재야단체 참여한 '기아 살리기 범국민운동연합' 발족

기아자동차 부도유예협약 적용키로

10월 주가폭락, 종합주가지수 500선 붕괴, 달러 폭등

기아자동차 법정관리 신청

노무라증권 보고서 "대우그룹에 비상벨이 울린다."

외화유입 확대 위한 금융시장 안정화 대책 발표

11월 해태 부도

강경식 부총리, IMF 지원 요청 방침 김영삼 대통령에게 보고

캉드시 IMF 총재와 비밀 면담, 구제금융신청에 합의

국회 금융개혁법안 통과 무산

개각 강경식 부총리 경질, 임창렬 기용

IMF구제금융신청(1차 구제금융 55억 6,000만 달러)

12월 9개 종금사 영업정지

최고금리 25%에서 40%로 확대

외국인 은행주식 4% 이상 매입 허용

환율변동폭 완전 자유화

김대중 대통령 당선

무디스, S&P 한국 신용등급 하향조정
이자제한폭 완전 폐지
모든 채권에 외국인 투자한도 완전폐지

1998년

1월 노사정위원회 출범

김대중 당선자-4대 재벌총수 회동, 구조조정 5원칙 합의

금융기관 단기외채 해결을 위한 뉴욕협상 타결

정부직제 개편

2월 김대중 15대 대통령 취임

조각 총리 김종필, 재정경제부장관 이규성, 경제수석 김태동, 금융
감독위원장 이헌재

3월 단기외채 218억 달러 만기연장

외국인투자업종 개방 확대, 건물임대업 증권거래업 등

4월 금융감독위원회 출범

외평채 40억 달러 발행 성공

5월 김태동 경제수석 경질, 후임 강봉균

6월 정주영 회장 소 500마리 끌고 판문점 통해 방북

외국인 토지취득 전면 자유화

금감위, 5대 그룹 20개사 등 퇴출대상 55개 기업 발표

동화·동남·대동·경기·충청은행 폐쇄 결정

7월 전교조해직교사 전원 복직

8월 한남 투신 영업정지

9월 전경련 7개 업종 빅딜 발표

은행에 21조 원 공적자금 투입

10월 정주영 김정일 회동, 금강산관광 합의

12월 전교조 10년 만에 합법화

뉴 브리지, 제일은행 매입 양해각서 교환

1999년

1월 S&P 한국 신용등급 투자적격단계로 상향조정

2월 의료보험 통합하는 국민건강보호법 국회 통과
여당 의약분업 강행 발표, 직장 의보노조 파업

4월 한국선물거래소 개장

5월 IMF 구제금융 10차에 걸쳐 모두 195억 달러
개각 재정경제부 장관 강봉균, 기획예산처 장관 진념, 경제수석 이
기호

6월 삼성자동차 법정관리, 이건희 삼성 회장 삼성생명 주식 400만 주
출연 발표

8월 대우 12개 계열사 워크아웃 결정

12월 금융감독원, 대우그룹 분식회계 특별조사 착수

2000년

1월 재정경제부장관 이헌재 금감위원장 이용근

2월 의약분업반대 의료계 1차 파업
현대그룹 '왕자의 난' 시작

3월 벤처 붐, 코스닥 지수 300선 육박

6월 김정일과 평양서 남북정상회담
6·15공동선언 개성공단 설립합의

8월 의약분업 파동 책임 물어 차흥봉 보건복지부장관 경질, 후임 최선정
IMF 차입금 전액상환

10월 기초생활보장제 시행
의약분업 5차 파업

11월 대우자동차 부도
의약분업 관련 의약정 합의안 발표

11월 김대중 대통령 노벨평화상 수상

12월 코스닥 폭락 지수 60선 붕괴

2001년

3월 인천국제공항 개항

상호신용금고를 상호저축은행으로 개명

정주영 회장 사망

8월 IMF 차입금 상환 완료

11월 국민은행 주택은행 합병 출발

국가인권위원회 설립

2002년

3월 주택시장 안정대책 발표

6월 미군 장갑차 여중생 압사사건 발생

월드컵 서울개최

제2연평해전

7월 S&P 한국 국가신용등급을 A-로 상향 조정

10월 한·칠레 FTA 체결

11월 금감위, 하나은행 서울은행 합병 인가

12월 노무현, 대통령 당선

2003년

2월 SK그룹 분식회계 파문, 최태원 회장 구속

노무현 16대 대통령 취임

총리 고건, 경제부총리 김진표, 기획예산처 장관 박봉흠, 청와대정책실장 이정우, 경제특별보좌관 조윤제, 정보통신부장관 진대제, 산업자원부장관 윤진식

3월 신용카드 종합대책발표

미·이라크 전쟁 발발

4월 철도노조 파업

신용불량자 300만 명 돌파

5월 아파트 분양권 전매 금지

화물연대 파업
8월 정몽헌 현대그룹 회장 투신자살
9월 금감위, 론스타 외환은행 취득승인
10월 부동산 투기억제 대책 발표, 투기지역 추가 지정 및 양도세 강화
12월 동북아 금융허브 로드맵 발표
판교신도시 개발계획 확정
국가균형발전 3대 특별법 국회통과

2004년

1월 민노총 신임 위원장에 이수호 당선
2월 개각 부총리 겸 재정경제부장관 이헌재
외환카드 직장폐쇄
3월 신용불량자 종합대책
노무현 대통령 탄핵 소추안 국회 의결
4월 한·칠레 FTA 공식 발효
17대 국회의원 선거, 한나라당 대패
8월 충남 연기, 공주지역 신행정수도로 최종 확정
외국인 고용허가제 시행
9월 부동산 보유세제 개편 기본방안 발표
10월 헌재, 신행정수도건설특별법 위헌 판결
11월 음식업주들 솥단지 시위
한국은행 콜금리 3.25%로 인하(사상 최저 수준)

2005년

1월 종합부동산세제, 현금영수증제 실시
고용부, 청년실업대책 수립
2월 주가, 5년 만에 1,000포인트 돌파
3월 개각 경제부총리 한덕수, 기획예산처 장관 변양균
행정중심 복합도시건설 특별법 국회 통과

분양가 상한제, 분양가 공개 정책 실시
7월 민노총, 노사정 탈퇴 선언
12월 국회 종합부동산세법 개정안 의결
　　　 종합부동산세 강화, 기준 시가 6억 원 이상으로 확대, 가구별 합
　　　 산방식 채택

2006년

1월 판교주택분양 및 투기방지대책 발표
3월 싱가포르와 FTA 발표
6월 부동산 실거래가격 등기부 기재 제도 시행
7월 경제부총리 권오규
　　　 저출산 고령사회 기본계획안 발표
8월 비전 2030 발표
10월 북한 핵실험 강행
11월 일자리 창출과 사회통합 위한 국가 고용 전략 발표
12월 수출 3,000억 달러 달성
　　　 서비스산업 경쟁력 강화방안 발표

2007년

1월 노무현 대통령, 대통령 연임제 개헌 제안
4월 한미 FTA 타결
6월 이랜드 노조 비정규직 해고에 항의, 점거 농성
　　　 한미 FTA 서명
7월 비정규직 보호법 시행
　　　 자본시장법 국회통과
　　　 주가 2,000포인트 돌파
10월 평양에서 노무현 김정일 남북 정상회담
11월 6개 주택투기지역 및 10개 토지지역 해제
12월 이명박, 대통령 당선

2008년

2월 정부조직 개편

이명박 17대 대통령 취임

총리 한승수, 기획재정부장관 강만수, 경제수석 김중수

3월 임시세액공제 1년 연장

4월 미국산 쇠고기 단계적 수입확대 합의

5월 미국산 쇠고기 반대 촛불시위 시작

6월 정부, 고유가극복 종합대책 발표

이명박 대통령 촛불사태 대국민 사과

'한반도 대운하' 계획 철회 발표

청와대 수석 전면 경질

8월 '녹색성장이 신국가패러다임'(대통령 광복절 축사에서)

9월 미국발 세계금융위기 확산(리먼 브러더스 부도사태)

10월 한국은행 미 연방준비은행과 통화스와프 계약체결

12월 정부, 4대강 살리기 프로젝트 추진 결정

국회, 13개 감세법안 통과; 종합부동산세 완화 및 소득세 인하

2009년

1월 비상경제대책위원회 청와대에 설치

개각 기획재정부 장관 윤증현, 경제수석 박병원

경인운하 사업계획 발표

녹색뉴딜사업 추진방안 발표

전국토지거래허가구역 해제

2월 쌍룡자동차 법정관리 결정

3월 미분양 주택 해소방안 추진

5월 보금자리 주택 시범지구 추진계획 발표

6월 새 고액권, 5만 원 권 발행

4대강정비사업 시행(22조 원 소요)

9월 총리 정운찬

미소금융 확대(소액 서민 금융)

12월 사회통합위원회(위원장 고건) 출범
　　　금호 아시아나 그룹 구조조정계획 확정

2010년

1월 정운찬 총리, 세종시 수정안 발표(행정수도 대신, 교육과학중심도
　　　시로)
　　　새만금위원회 종합실천계획 심의 확정
2월 2010 고용회복 프로젝트 세부추진방안 발표
3월 천안함 피격사건, 46명 사망
4월 무디스 한국 국가신용등급 A2에서 A1으로 상향조정
　　　주택 미분양 해소 및 거래 활성화 방안 발표
5월 2010년 전국 18만 호 보금자리주택 공급
6월 이영호 민간인 사찰 사건
　　　지방 선거 여당 참패
　　　국회, 세종시 수정안 부결
8월 김태호 총리후보 내정(사퇴 파동)
　　　이명박 대통령 8.15경축사 통해 공정사회를 국정과제로 제시
9월 대·중소기업 동반성장 추진대책 발표
　　　김황식 총리후보 내정
　　　한-EU FTA 정식서명
11월 서울 G20 정상회의 개최
　　　북한 연평도 포격
12월 금융위원장 김석동, 지식경제부장관 최준경, 경제수석 김대기
　　　한미 FTA 재협상 타결
　　　정운찬 동반성장위원회 초대 위원장

2011년

1월 금융위, 삼화저축은행 영업정지 명령
2월 전월세 시장 안정화대책 발표

금융위, 부산저축은행 대전저축은행 등 추가영업정지
동반성장위 정운찬 위원장 "이익공유제 도입 추진키로"
3월 동남신공항 입지평가위원회, 가덕도 밀양 모두 부적합 판정
일본 쓰나미 사태
22조 원 규모 새만금계획 확정
5월 기업공시에 IFRS 국제회계기준 첫 적용
4월 말 기준 외환보유액 3,000억 달러 돌파
7월 노동부, 복수노조 제도 시행
S&P, 사상 처음 미국 국채등급 하향조정
8월 이명박 대통령 광복절 경축사에서 '공생발전' 강조
서울시 무상급식 찬반 주민투표
9월 동반성장위, 16개 중소기업 적합업종 1차 지정
10월 박원순 서울시장 재보궐 선거 승리
11월 피치, 한국신용등급 상향 조정
금융위, 론스타에 외환은행 지분 매각 명령
한미 FTA비준안 여당 단독표결로 국회통과
12월 국토부, 다주택자 양도세 중과 폐지
김정일 국방위원장 사망 발표

2012년

1월 삼성, 빵집 등 서민업종 철수 발표
최시중 방통위원장 수뢰혐의로 사퇴
3월 한미FTA 정식발효
4월 새누리당 4.11총선에서 과반수 의석 확보
5월 금융위 솔로몬 등 4개 저축은행 영업정지조치
여수 엑스포
6월 스페인, EU로부터 1,000억 유로 구제금융 받기로
7월 세종시 정식 출범
이상득 전 의원 수뢰혐의로 구속 수감
8월 2013년 세제개편안 발표

이명박 독도 전격 방문

김승연 한화그룹 회장 배임혐의로 법정구속

9월 안철수 대선 출마 선언

11월 영광 원전 5,6호기 가동중단(위조 부품 적발)

버락 오바마 미국 대통령 재선 성공

중국 시진핑 공산당 총서기 취임

12월 박근혜, 대통령 당선

주요 경제지표(1988~2012)

년도	GDP 성장률 (불변, %)	1인당 GDP (달러, 경상)	GDP (억 달러, 경상)
1988	11.7	4,575	1,923
1989	6.8	5,567	2,363
1990	9.3	6,305	2,703
1991	9.7	7,287	3,155
1992	5.8	7,728	3,381
1993	6.3	8,422	3,722
1994	8.8	9,755	4,355
1995	8.9	11,782	5,313
1996	7.2	12,582	5,728
1997	5.8	11,583	5,323
1998	−5.7	7,739	3,582
1999	10.7	9,902	4,616
2000	8.8	11,349	5,335
2001	4	10,655	5,046
2002	7.2	12,093	5,759
2003	2.8	13,448	6,436
2004	4.6	15,038	7,224
2005	4	17,547	8,447
2006	5.2	19,693	9,511
2007	5.1	21,655	10,493
2008	2.3	13,152	9,309
2009	0.2	17,086	8,329
2010	6.2	20,500	10,143
2011	3.7	22,451	11,147
2012	2	22,708	11,292

년도	소비자물가 변화율 (%)	경상수지 (백만 달러)	무역수지 (백만 달러)
1988	7.1	14,838	8,885
1989	5.7	5,267	912
1990	8.5	−1,390	−4,828
1991	9.3	−7,511	−9,655
1992	6.3	−2,240	−5,143
1993	4.8	2,973	−1,564
1994	6.2	−3,508	−6,335
1995	4.5	−8,012	−10,061
1996	4.9	−22,953	−20,624
1997	4.5	−8,183	−8,452
1998	7.5	42,644	39,031
1999	0.8	24,479	23,933
2000	2.3	14,803	11,786
2001	4.1	8,428	9,341
2002	2.8	7,542	10,344
2003	3.5	15,584	14,991
2004	3.6	32,312	29,382
2005	2.8	18,607	23,180
2006	2.2	14,083	16,082
2007	2.5	21,770	14,643
2008	4.7	3,198	−13,267
2009	2.8	32,791	40,449
2010	3	29,394	41,172
2011	4	26,068	30,801
2012	2.2	48,082	28,285

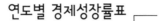

연도별 경제성장률표

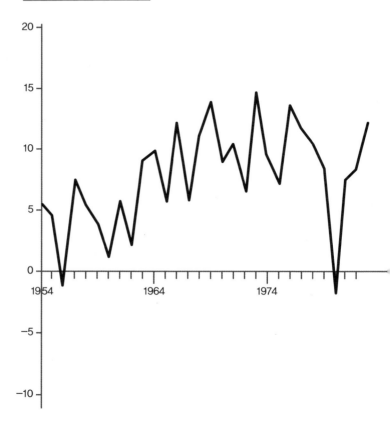

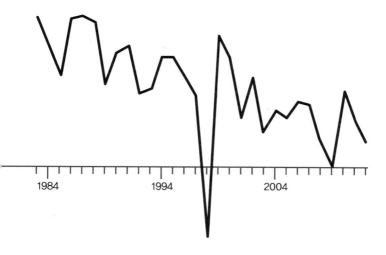

1984   1994   2004

참고문헌 ⌐

강경식,『정부가 해야 할 일과 하지 말아야 할 일』, 김영사, 2010.

강만수,『현장에서 본 한국경제 30년』, 삼성경제연구소, 2005.

국정브리핑특별기획팀,『노무현과 참여정부 경제5년』, 한스미디어, 2008.

국토해양부,『국책사업 갈등사례 분석치 및 시사점』, 2011.

그렉 브라진스키,『대한민국 만들기』, 책과함께, 2007.

김대중,『김대중 자서전1, 2』, 삼인, 2010.

_____,『대중경제론』, 청사, 1986.

_____,『대중참여경제론』, 산하, 1997.

_____,『대중경제 100문 100답』, 1971.

김영삼,『김영삼 대통령 회고록 상, 하』, 조선일보사, 2011.

김용환,『임자, 자네가 사령관 아닌가』, 매일경제신문사, 2002.

김일영,『건국과 부국』, 기파랑, 2010.

김입삼,『초근목피에서 선진국으로의 증언』, 한국경제신문, 2003.

김정렴,『한국경제정책 30년사』, 중앙경제신문, 1990.

김충남,『대통령과 국가경영』, 서울대출판부, 2006.

김형아,『박정희의 양날의 선택』, 일조각, 2005.

김호진,『한국의 대통령과 리더십』, 청림출판, 2010.

김홍기 외,『영욕의 한국경제』, 매일경제신문사, 1999.

남덕우,『경제개발의 길목에서』, 삼성경제연구소, 2009.

남성일 외,『한국의 노동 어떻게 할 것인가』, 서강대출판부, 2007.

노무현,『성공과 좌절』, 학고재, 2009.

노사정위원회,『노사정위원회 10년사』, 노사정위원회, 2008.

노태우,『노태우 회고록』, 조선프레스, 2011.

매일경제 경제부·정치부,『MB노믹스』, 매일경제신문사, 2008.

문재인,『문재인의 운명』, 가교, 2011.

『민주노총충격보고서』, 뉴라이트 전국연합, 2009.

박진·채종헌 편,『갈등조정, 그 소통의 미학』, 굿인포메이션, 2006.

백두진,『백두진 회고록』, 대한공론사, 1975.

전영재,『건국 50년, 한국경제의 역정과 과정』, 삼성경제연구소, 1998.

송인상,『부흥과 성장』, 21세기북스, 1994.

유시민,『운명이다』, 돌베개, 2010.

유영익,『이승만 대통령 재평가』, 연세대출판부, 2006.

이대근,『해방이후, 1950년대 경제』, 삼성경제연구소, 2002.,

_____,『새로운 한국경제발전사』, 나남, 2005.

이완범,『박정희와 한강의 기적』, 선인, 2006.

이임광,『어둠 속에서도 한걸음을』, KMA, 2012.

이장규,『경제는 당신이 대통령이야』, 개정증보판, 올림, 2008.

_____,『경제가 민주화를 만났을 때』, 개정증보판, 올림, 2011.

_____,『한국경제 설 땅이 없다』, 중앙일보사, 1993.

이진,『참여정부, 절반의 비망록』, 개마고원, 2005.

이헌창,『한국경제통사(5판)』, 해남, 2012.

임영태,『대한민국사』, 들녁, 2008.

재경회 예우회,『한국의 재정 60년』, 매일경제신문사, 2011.

정인영 외,『홍능숲의 경제브레인들』, 한국개발연구원, 2002.

조동성 외,『한국자본주의의 개척자들』, 월간조선사, 2003.

좌승희,『이야기 한국경제』, 일월담, 2010.

지동욱,『대한민국재벌』, 삼각형비즈, 2006.

최동규,『성장시대의 정부』, 한국경제신문사, 1991.

최종고,『우남 이승만』, 청아출판사, 2011.

통계청,『광복 이후 50년간의 경제일지』, 1995.

한국개발연구원,『경제민주화의 기본구상』, 1988.

한국개발연구원,『한국경제 반세기, 정책자료집』, 1995.

한국노동연구원,『한국의 노동법 개정과 노사관계』, 2000.

한국은행 조사부,『한국은행 40년사』, 1990.

_____,『금융실명제 3년의 성과와 과제』, 재정경제원, 1996.

한국은행,『조선경제연보(1948년 판)』, 한국은행조사부, 1948.

함성득 편,『김영삼 정부의 성공과 실패』, 나남, 2001.

홍순영 외,『한국경제 20년의 재조명』, 삼성경제연구소, 2006.

황병태,『박정희 패러다임』, 조선뉴스프레스, 2011.

프랑스엔 〈크세주〉, 일본엔 〈이와나미 문고〉, 한국에는 〈살림지식총서〉가 있습니다.

📖 전자책 | 🔍 큰글자 | 🔊 오디오북

대한민국 대통령들의 한국경제 이야기 2
– 노태우 대통령부터 이명박 대통령까지 민주화 25년

펴낸날	초판 1쇄 2014년 6월 1일
	초판 4쇄 2021년 11월 10일

지은이	이장규
펴낸이	심만수
펴낸곳	(주)살림출판사
출판등록	1989년 11월 1일 제9-210호

주소	경기도 파주시 광인사길 30
전화	031-955-1350 팩스 031-624-1356
홈페이지	http://www.sallimbooks.com
이메일	book@sallimbooks.com

ISBN	978-89-522-2891-8 04080
	978-89-522-0096-9 04080 (세트)

089 커피 이야기 `eBook`

김성윤(조선일보 기자)

커피는 일상을 영위하는 데 꼭 필요한 현대인의 생필품이 되어 버렸다. 중독성 있는 향, 마실수록 감미로운 쓴맛, 각성효과, 마음의 평화까지 제공하는 커피. 이 책에서 저자는 커피의 발견에 얽힌 이야기를 통해 그 기원을 설명한다. 커피의 문화사뿐만 아니라 커피에 대한 일반적인 정보 및 오해에 대해서도 쉽고 재미있게 소개한다.

021 색채의 상징, 색채의 심리

박영수(테마역사문화연구원 원장)

색채의 상징을 과학적으로 설명한 책. 색채의 이면에 숨어 있는 과학적 원리를 깨우쳐 주고 색채가 인간의 심리에 어떤 작용을 하는지를 여러 가지 분야의 사례를 통해 설명한다. 저자는 색에는 나름대로의 독특한 상징이 숨어 있으며, 성격에 따라 선호하는 색채도 다르다고 말한다.

001 미국의 좌파와 우파 `eBook`

이주영(건국대 사학과 명예교수)

진보와 보수 세력의 변천사를 통해 미국의 정치와 사회 그리고 문화가 어떻게 형성되고 변해왔는지를 추적한 책. 건국 초기의 자유방임주의가 경제위기의 상황에서 진보-좌파 세력의 득세로 이어진 과정, 민주당과 공화당의 대립과 갈등, '제2의 미국혁명'으로 일컬어지는 극우파의 성장 배경 등이 자연스럽게 서술된다.

002 미국의 정체성 10가지 코드로 미국을 말하다 `eBook`

김형인(한국외대 연구교수)

개인주의, 자유의 예찬, 평등주의, 법치주의, 다문화주의, 청교도 정신, 개척 정신, 실용주의, 과학·기술에 대한 신뢰, 미래지향성과 직설적 표현 등 10가지 코드를 통해 미국인의 정체성과 신념을 추적한 책. 미국인의 가치관과 정신이 어떠한 과정을 통해서 형성되고 변천되어 왔는지를 보여 준다.

058 중국의 문화코드

강진석(한국외대 연구교수)

중국의 핵심적인 문화코드를 통해 중국인의 과거와 현재, 문명의 형성 배경과 다양한 문화 양상을 조명한 책. 이 책은 중국인의 대표적인 기질이 어떠한 역사적 맥락에서 형성되었는지 주목한다. 또한, 구체적이고 실제적인 여러 사물과 사례를 중심으로 중국인의 사유방식에 대해 설명해 주고 있다.

057 중국의 정체성　eBook

강준영(한국외대 중국어과 교수)

중국, 중국인을 우리는 과연 어떻게 이해해야 하나? 우리 겨레의 역사와 직·간접적으로 끊임없이 영향을 주고받은 중국, 그러면서도 아직까지 그들의 속내를 자신 있게 말할 수 없는, 한편으로는 신비스럽고, 한편으로는 종잡을 수 없는 중국인에 대한 정체성을 명쾌하게 정리한 책.

015 오리엔탈리즘의 역사　eBook

정진농(부산대 영문과 교수)

동양인에 대한 서양인의 오만한 사고와 의식에 준엄한 항의를 했던 에드워드 사이드의 오리엔탈리즘. 이 책은 에드워드 사이드의 이론 해설에 머무르지 않고 진정한 오리엔탈리즘의 출발점과 그 과정, 그리고 현재와 미래의 조망까지 아우른다. 또한 오리엔탈리즘이 사이드가 발굴해 낸 새로운 개념이 결코 아님을 역설한다.

186 일본의 정체성　eBook

김필동(세명대 일어일문학과 교수)

일본인의 의식세계와 오늘의 일본을 만든 정신과 문화 등을 소개한 책. 일본인을 지배하는 이데올로기는 무엇이고 어떤 특징을 가지는지, 일본을 주목해야 하는 이유는 무엇인지 등이 서술된다. 일본인 행동양식의 특징과 토착적인 사상, 일본사회의 문화적 전통의 실체에 대한 분석을 통해 일본의 정체성을 체계적으로 살펴보고 있다.

261 노블레스 오블리주 세상을 비추는 기부의 역사

예종석(한양대 경영학과 교수)

프랑스어로 '높은 사회적 신분에 상응하는 도덕적 의무'를 뜻하는 노블레스 오블리주. 고대 그리스부터 현대까지 이어지고 있는 노블레스 오블리주의 역사 및 미국과 우리나라의 기부 문화를 살펴보고, 새로운 시대정신으로 노블레스 오블리주를 부활시킬 수 있는 가능성을 모색해 본다.

396 치명적인 금융위기, 왜 유독 대한민국인가 `eBook`

오형규(한국경제신문 논설위원)

이 책은 전 세계적인 금융 리스크의 증가 현상을 살펴보는 동시에 유달리 위기에 취약한 대한민국 경제의 문제를 진단한다. 금융안정망 구축 방안과 같은 실용적인 경제정책에서부터 개개인이 기억해야 할 대비법까지 제시해 주는 이 책을 통해 현대사회의 뉴노멀이 되어 버린 금융위기에서 살아남는 방법을 확인해 보자.

400 불안사회 대한민국, 복지가 해답인가 `eBook`

신광영 (중앙대 사회학과 교수)

대한민국 사회의 미래를 위해서 복지는 선택이 아니라 필수라고 말하는 책. 이를 위해 경제 위기, 사회해체, 저출산 고령화, 공동체 붕괴 등 불안사회 대한민국이 안고 있는 수많은 리스크를 진단한다. 저자는 사회적 위험에 대응하기 위한 복지 제도야말로 국민 모두의 삶의 질을 높일 수 있는 길이라는 것을 역설한다.

380 기후변화 이야기 `eBook`

이유진(녹색연합 기후에너지 정책위원)

이 책은 기후변화라는 위기의 시대를 살면서 우리가 알아야 할 기본지식을 소개한다. 저자는 기후변화와 관련된 핵심 쟁점들을 모두 정리하는 동시에 우리가 행동해야 할 실천적인 대안을 제시한다. 이를 통해 독자들은 기후변화 시대를 사는 우리가 무엇을 해야 할 것인지에 대하여 생각해 볼 수 있을 것이다.

사회 · 문화

eBook 표시가 되어있는 도서는 전자책으로 구매가 가능합니다.

(주)살림출판사
www.sallimbooks.com
주소 경기도 파주시 문발동 522-1 | 전화 031-955-1350 | 팩스 031-955-1355